ROMEO FRANCESCO

RELAZIONE EXTRACONIUGALE O TRADIMENTO ?

Seconda Edizione
Completamente Riveduta e Aggiornata
2 0 2 3

1

Dedica

Questo libro è dedicato a tutte le persone che in esso si sono raccontate e che ne sono le vere protagoniste: con il coraggio della rivelazione delle loro sofferenze, ne hanno reso possibile la stesura e, soprattutto, renderanno possibile aiutare tante altre persone nel fare la scelta più giusta.

L'Autore

PREMESSA

Lo psicoterapeuta si imbatte spesso in situazioni in cui un Lui o una Lei fa questa affermazione:
-"Ho tradito mia moglie"
oppure
-"Ho tradito mio marito".
Altre volte, medesima situazione, ma affermazioni differenti, del tipo:
-"Ho una relazione extra coniugale con un'altra donna"
oppure
-"Ho una relazione extra coniugale con un altro uomo".
L'evento enunciato è sempre lo stesso, ma l'impatto emotivo è notevolmente diverso, sia da parte di chi rivela sia da parte di chi riceve la rivelazione.
Domanda:
Se il "fatto" è sostanzialmente quello - sono sposato/sposata ma sto contemporaneamente con un'altra/altro - perché l'impatto emotivo è differente, con evidenti, come si vedrà, conseguenze differenti?
Il problema è che le "parole", già da sole, pesano come pietre e indicano un giudizio non espresso, ma chiaramente sottinteso.
Il *"tradimento"*, da che mondo è mondo, è un atto riprovevole, giudicato da sempre molto severamente,

punito ancora oggi con la morte, senza che questa provochi nessuna particolare commiserazione da parte del senso comune, pur con le debite eccezioni.

Nel campo militare è solo da poco che è stata rimossa, finanche in Italia, la pena di morte per alto tradimento sia pure limitato al periodo di guerra.

Ma non dimentichiamo che il "delitto d'onore", tollerato e giustificato da larghissimi strati della popolazione italiana, altro non era se non una delega al privato da parte della Società di un giudizio inappellabile, con relativa sentenza ed esecuzione della stessa, per una situazione in cui qualcuno/qualcuna aveva *tradito* l'altro/altra.

Ancora oggi, malgrado la dicitura "delitto d'onore" sia stata cancellata dal codice penale italiano, risulta essere un'attenuante per il tradito recare danno fisico al soggetto traditore, se i fatti dimostrano "abbastanza" chiaramente che c'erano motivi validi a giustificare un raptus legato all'azione dell'essere tradito!

Ma quello che accade in campo giudiziario non è oggetto delle nostre osservazioni…

Torniamo al "paziente" che "ci" e "si" confessa di "*aver tradito*":

è abbastanza evidente che il suo senso di colpa è presente nonché notevolmente invasivo di tutta la sua sfera emotiva.

Nello stesso tempo, lo psicoterapeuta, che ha *sentito* l'affermazione e ha *percepito* il peso che il paziente sente su di sé, pur non esprimendo giudizi, almeno si spera, si prepara a trattare questa situazione che gli è stata appena rivelata prima di tutto come una "*colpa*" e, di

6

conseguenza, comunque come un qualcosa o da rimuovere o, in ogni caso, da tenersi dentro, per poi abituarsi a conviverci insieme: ma *colpa* è e *colpa* resta!

Consideriamo ora l'altro caso: il/la paziente viene e racconta di *"avere una relazione extra coniugale"*; questo tipo di paziente è meno angosciato e angosciante ma, se viene in terapia, qualche problemino anche lui/lei lo avrà: in ogni caso, il suo *senso di colpa* è molto meno evidente e invasivo della sfera dell'emotività.

Cosa fa il terapeuta?

Glielo fa venire?

E allora Dio ci scansi e liberi da questo terapeuta invadente e giudicante, compito, questo, non suo!

Gli dice che *sono cose che succedono*: ma di ciò al paziente non può importare di meno, perché non è giunto fin lì per scoprire cosa fa e cosa prova il resto del mondo, bensì per capire come si deve regolare lui, *dal momento che la sua storia è unica e, comunque, diversa e irrinunciabile!*

Proseguendo su questo binario, si rischia di finire nell'incomprensione totale tra psicoterapeuta e paziente; non si capiscono perché sembrerebbe che stiano parlando due lingue diverse, anche se tutti e due sanno cos'è una relazione extra coniugale: o forse credono di saperlo?

Una persona è sposata con un'altra persona; a un certo punto incontra un'altra/altro e nasce la relazione galeotta:

è proprio tutto lì?

Ma nasce come e perché nella realtà, una *Relazione Extra Coniugale,* che, per i motivi che verranno esposti dopo, non chiameremo mai più, d'ora in avanti, *Tradimento?*

QUALE NORMALITA' NELLA
RELAZIONE EXTRA CONIUGALE

La prima affermazione che ci sentiamo di fare è la seguente:

Una relazione extra coniugale è una situazione assolutamente normale!

Proviamo a spiegare il perché.

Nel corso della nostra esistenza ci imbattiamo in una miriade di persone, di ogni tipo e di ogni fattezza: se consideriamo i milioni di persone che incontriamo soltanto in un anno, è singolare che al massimo una decina lasceranno in noi qualche traccia; le altre novecentonovantanovemila novecentonovanta spariranno nel buio più totale!

Di quelle dieci superstiti, mettiamo che altre cinque evaporeranno nel tempo; un paio lasceranno un vago ricordo; con due avremo qualche contatto e ci ricorderemo di chi si sta parlando, se menzionate; e una, quasi sicuramente, ci resterà impressa nella mente, o in positivo o in negativo.

Con tali percentuali, discutibili o meno, però non è questo che conta, nell'arco di cinque anni, avremo incontrato almeno cinque persone che avranno colpito la nostra attenzione: è percentualmente possibile che con quattro avremo un rapporto razionale (o d'affari) o amicale, e con una avremo un rapporto emotivamente più importante.

Fin qui, niente di eccezionale!

Ci si conosce, ci si frequenta, ci si innamora, ci si "disamora": tutto normale; mentre si è "fidanzati" si può anche conoscere un'altra persona e cambiare idea sulla prima: ancora tutto normale!

Ma allora, quando comincia la presunta *anormalità?*

L'*anormalità* ha origine da un *talismano* che si infila a un dito: dal momento in cui l'*anulus* è stato infilato a un dito, specie se è l'anulare, da cui questo dito maldestro ha preso il nome, iniziano i *distinguo!*

Quello che si poteva fare prima, dopo non è più lecito: ma che cosa, esattamente?

Tutti noi continuiamo a incontrare un milione di persone all'anno eccetera eccetera...

Di quei famosi cinque superstiti, continua sempre a essercene uno che ci colpisce in un senso o nell'altro, e il fatto di avere quell'anello al dito non ci cambia di una virgola la situazione nascente, cioè tutto quello che potrebbe derivare da tale conoscenza.

Sono sempre le emozioni il primus movens di ogni nuova relazione, sia essa d'affari o amicale o superficiale o affettiva o passionale...

Tutto quello che esiste a monte della *"situazione/relazione nascente"* è il filtro di tali emozioni, nel senso di farle passare o di farle svanire prima che arrivino a livello di coscienza; oppure permette loro di dare un significato piuttosto che non un altro quando, cognitivamente, diventano evidenti e significativamente importanti.

La fedeltà *eterna,* che ci si scambia al momento di indossare il famoso *talismano,* è una promessa che nessuno, coscientemente dovrebbe poter pronunciare perché a nessuno è dato sapere cosa potrà mai accadere da lì a un anno o a cinque o a dieci anni; ben poco dipende dal singolo, che, in ogni caso, non è una *"monade"* di Leibnitz, senza porte e senza finestre: al contrario, ogni essere umano è, di per se stesso, una finestra sull'Universo, pronto a recepire conoscenze, a sperimentare nuove relazioni e a emozionarsi nell'avvertire sulla sua pelle nuove sensazioni!

La semplice curiosità "per..." attira la nostra attenzione: da qui nasce la voglia prima di sapere e, poi di sperimentare; in tutti i campi tutto ciò è richiesto o auspicato!

Nell'ambito dell'affettività è molto deprecato.

L'affettività, però, non differisce in nulla da tutti gli altri ambiti che stimolano l'ansia di conoscere, la voglia di capire e il desiderio di sperimentare: è causa di frustrazione e di inimmaginabili sofferenze voler a tutti i costi soffocare le *situazioni/relazioni nascenti* nel campo degli affetti.

Cosa spinge una persona a voler conoscere un'altra persona?

Cosa ci fa dire di una persona:

-"Ti conosco, ho capito come sei fatto/fatta"?

Sono tante le variabili che ci spingerebbero a fare questa piuttosto che quest'altra valutazione:

ma, riducendo ai minimi termini come si fa in algebra, restano soltanto pochi elementi a nostro avviso, veramente importanti, per poter fare l'affermazione:

"Oramai ho quasi capito come sei fatto/fatta".

Il primo elemento, non fondamentale ma di una certa importanza, perché non di rado senza questo la sequenza rischia di spegnersi sul nascere, è *l'aspetto Esteriore:* quando si vede una persona, qualcosa del suo aspetto cattura la nostra attenzione, per cui da quel momento la nostra *curiosità* si mette in moto.

Apriamo una piccola ma opportuna parentesi:

La *Curiosità*, parola spesso vilipesa e deprecata, va intesa come un impulso naturale che porta ad avere un eterno interesse verso la Vita e le sue vicissitudini.

È l'impulso che ci spinge a provare sulla nostra pelle esperienze nuove, le quali stimolano il nostro interesse e le nostre emozioni.

Senza la *Curiosità* c'è l'assoluto deserto cognitivo ed emozionale!

Chiudiamo la parentesi e torniamo alla nostra conoscenza esteriore.

Questa fase non è sicuramente lunga, ma nemmeno brevissima: spesso ci si rimugina su, talvolta si fantastica, comunque succede qualcosa, per cui scatta la seconda fase della conoscenza con il suo secondo elemento:

l'aspetto Relazionale.

Come parla, come ascolta, come recepisce quello che dico, come recepisco io quello che dice:

in questa fase l'emotività è presente solo in parte, sostituita dalla semplice *curiosità di capire;*

questa fase dura più a lungo della precedente… oppure si esaurisce rapidamente, se proprio si è sintonizzati su reti diverse e parallele, che mai si incontreranno.

Quando la *curiosità di capire* viene sostituita dalla *curiosità di sapere,* scatta la terza fase con il terzo elemento, che è la *Voglia di Conoscere il Vissuto dell'altro/altra.*

Questo vuol dire che alla *Curiosità,* pura e nuda, si è sostituito il *Coinvolgimento personale,* che è tutta un'altra cosa: automaticamente si entra a far parte della storia dell'altro/altra, quando il racconto ha inizio.

Questa sequenza non è alla base solo dell'innamoramento, ma anche dell'amicizia e, talvolta, anche degli affari: nel preciso momento in cui l'*Emozione* entra in gioco, le conseguenze dipendono dalla direzione presa dal *racconto rivelato* che può trasformarsi nel *racconto a due,* ognuno racconta la propria storia e si ferma lì, oppure *di noi due,* perché la storia dell'altro/altra finisce col diventare parte della mia.

Dal *racconto a due,* in cui ognuno dei due *rivela* una sua storia intima o segreta, nasce abitualmente una amicizia; dal *racconto di noi due* può nascere spesso un amore.

Ma c'è un altro elemento che rende la *relazione extraconiugale* una situazione del tutto particolare: il *Fattore Tempo* !

A prima vista il Tempo è il nemico numero uno degli *amanti,* perché è sempre poco e "rubato" ad altri o ad altre circostanze: in realtà non è esattamente così.

Proprio perché il tempo è poco, tutto quello che c'è da dirsi, da farsi e da provare emotivamente, va concentrato; nel matrimonio e nella convivenza c'è a disposizione tutto il tempo che si vuole: tutto si diluisce troppo e perde molto della sua creatività, della sua attualità e della sua spontaneità.

Nella *relazione extraconiugale* accade esattamente il contrario: ben poco si può rinviare e tutto va deciso nell'arco di pochi istanti: anche le emozioni fungono da catalizzatore di tutte le situazioni e quasi tutto va deciso *insieme e sul momento*: ciò crea un'ulteriore unione!

Facciamo un esempio, apparentemente banale:

se a sera si prende un drink a base di whisky con quattro o più cubetti di ghiaccio e poi lo si dimentica per altre incombenze, al momento di berlo gusteremo dell'acqua all'whisky!

Se invece non lasciamo sciogliere del tutto il ghiaccio, avremo il sapore vero del drink associato alla frescura del ghiaccio.

L'altro lato della medaglia può essere l'ansia e la trepidazione del dover decidere "sempre e alla svelta" senza mai poter vagliare tutti i pro e i contro possibili e immaginabili:

ma anche quest'ultimo aspetto, alla fine, può risultare un fatto positivo a favore della concretezza dell'hic et nunc, senza per forza dover scomodare i massimi sistemi per la valutazione di tutte le sfaccettature di ogni eventuale inconveniente che, inevitabilmente, si dovesse presentare.

LE FASI DELLA RELAZIONE EXTRA CONIUGALE

In ogni relazione, compresa quella extra coniugale, si possono distinguere almeno quattro fasi:

la *Fase Nascente* propriamente detta;

la *Fase Rivelante*

la *Fase Esplodente*

la *Fase di Stabilizzazione*

LA FASE NASCENTE

La prima Fase, quella *Nascente* è la più misteriosa, in quanto in larga parte misconosciuta.

Come e quando nasce una *Relazione*?

Difficile fissare un momento preciso: si può ricordare l'attimo, per così dire, in cui si è venuti in contatto: la presentazione, la conoscenza occasionale, mille piccole situazioni insignificanti da cui nasce il "contatto" visivo e uditivo, talora anche tattile e olfattivo, quasi mai gustativo, esempio baciamano.

Sono cioè i nostri cinque sensi che ci danno "informazioni" sulla persona che, per un puro caso, abbiamo di fronte: i dati anagrafici, la professione, qualche comune conoscenza non ci dicono nulla e infatti li dimentichiamo dopo qualche istante; però ricordiamo perfettamente talune caratteristiche: alta o basso, bionda o bruno, fisico atletico o curve ben posizionate!

L'aspetto è il primo biglietto da visita che viene mostrato all'altro/altra.

Se non ci sono circostanze particolari su cui è incentrata la nostra attenzione, questo primo passaggio non passa inosservato: il bello, o quanto meno quello che a ognuno di noi risulta gradevole, è motivo di curiosità: "Vorrei saperne di più!".

Non c'è secondo fine o progetto, sia pure a breve termine: solo semplice curiosità che può comportare manovre di "ancoraggio", con l'aiuto di amici o contatti diretti:

"Perché non prendiamo un caffè insieme?".

Ma, a volte, non succede neanche questo: bello/bella o gradevole che sia, non lascia traccia:

in un successivo incontro è il "verbale" che acquisisce grande importanza: si parla, più o meno distrattamente di qualcosa, a prescindere da un vero interesse per l'argomento;

è più importante il modo di confrontarsi e di recepire l'altrui argomentazione che non l'argomento in sé.

"Quanto è antipatico/antipatica!" oppure "Quanto è simpatico/simpatica!".

Dopo il recepimento dell'*indice di gradevolezza visiva*, ecco che compare il recepimento dell'*indice di gradevolezza relazionale*!

Non è detto che il "simpatico" abbia più futuro rispetto "all'antipatico": l'*indice di interesse* è assolutamente indipendente dalla simpatia.

Già a questo punto sta *nascendo* qualcosa, che è una costruzione con questi pochi pilastri, alcuni dei quali già enunciati:

1) aspetto estetico
2) modalità di relazione
3) interesse *a prescindere*
4) emozioni
5) reticenza

Il terzo fattore è il famoso o famigerato o segreto *Fattore "X"*: è abbastanza comprensibile che io abbia voglia di continuare a vedere una persona che mi sta simpatica; ma perché dovrei aver voglia, pur non confessandolo nemmeno a me stesso, di continuare a incontrare una persona che mi starebbe antipatica?

Perché la presunta antipatia è di facciata ma non di fondo: ho sempre pensato che mi doveva interessare una persona fatta così e così e invece mi trovo a frequentare una persona che è tutta un'altra faccenda: forse si è indispettiti con se stessi, ma non del tutto!

Saranno le *Emozioni* a trasformare una situazione più o meno banale in uno *Stato Nascente Relazionale*: le emozioni sono infatti il quarto fondamentale pilastro che può dare un significato piuttosto che non un altro a un qualsiasi quadro relazionale.

Anche le Emozioni, però, non nascono dal nulla: sicuramente non si inventano!

Le Emozioni nascono dalle *Sensazioni*, cioè da tutte quelle percezioni che cadono sotto i nostri sensi, modificando le nostre *normali modalità di reazione*: lo stesso profumo, percezione olfattiva, non determina la stessa sensazione se "indossato" da due persone diverse;

un tocco delle dita, percezione tattile, non determina la stessa sensazione se il contatto è con la pelle di due diverse persone.

Le nostre *modalità di reazione alle percezioni* sono *normali* quando ci forniscono solo una informazione, senza determinare stati d'animo di particolare rilevanza; diventano *anormali* quando le sensazioni vengono trasferite allo stato emozionale e, appunto, si trasformano in *Emozioni*.

A questo punto il quadro è cambiato: il coinvolgimento interiore ci fa esprimere giudizi che sicuramente sono razionali ma che sarebbero stati altrettanto sicuramente differenti se non fossero stati filtrati dalle Emozioni, che agitano il nostro Essere: differenti almeno nel modo di porgere!

Tutto questo accade in maniera assolutamente "innocente": nessuno pensa che stia facendo qualcosa di male e, tanto meno, che stia facendo del male a qualcun altro/altra: normali rapporti di conoscenza, conditi da un po' di curiosità o di civetteria o di chissà che.

Nella fase *nascente* l'inconsapevolezza è la situazione di normalità: spesso è proprio questa la causa per cui "si va avanti"; non si avverte niente di anomalo né tanto meno di proibito; capita addirittura che, nelle prime fasi, se ne parli addirittura al partner senza particolari reticenze.

Ecco, le *Reticenze,* appunto: da quando compaiono, ci si rende conto che qualcosa di importante è cambiato: c'è un *Nuovo Noi* e un *Nuovo Nostro*: il quinto pilastro della Relazione Extra-coniugale allo stato nascente è questo ultimo fattore:

la *Reticenza*!

Da questo istante l'Innocenza non esiste più ed entra in scena la Consapevolezza: solo da questo momento ognuno dei due sa che niente è più come prima: la *Fase Nascente* è finita!

Non si deve far confusione tra "Consapevolezza", (mi accorgo di essere innamorato di…), con: "È Giusto quello che mi sta succedendo?", che è già un giudizio

19

di merito su quello che diviene improvvisamente manifesto, mentre prima era sotterraneo e misconosciuto:

ha inizio, ma non sempre in questo modo, la *Fase Rivelante.*

Caso Clinico 1

M.G. telefona in studio al mattino, non appena inizia l'orario di lavoro.

Chiede un colloquio "urgente": al telefono appare molto agitato e preoccupato, ma rifiuta di anticipare alcunché, adducendo come motivazione che "per telefono assolutamente preferisce non parlare di niente".

L'appuntamento è per il pomeriggio alle 15,00.

Si presenta con largo anticipo, alle 14.30, e appare contrariato di non poter entrare subito.

È un uomo di bell'aspetto, vestito in modo sportivo, dell'età di 38 anni che lavora in proprio come geometra: sulla sedia riesce a mala pena a star fermo e si tormenta le dita delle mani.

Domanda d'obbligo:

T.:- "Qual è il problema che la porta qui?"

Ci pensa un attimo, non trova le parole, arrossisce.

T.:-"Stia tranquillo! Non appena lo avrà tirato fuori, vedrà che già comincerà a sentirsi meglio!"

P.:-"Mi assicura che non ne farà parola con nessuno?"

Viene rassicurato: c'è il segreto professionale!

Finalmente sbotta:

P.: -"Mi sono innamorato!"

Pausa di silenzio da entrambe le parti, anche se per motivazioni opposte.

T.:-"Ah...! E dove sta il problema?"

Il paziente guarda il terapeuta come fosse un alieno:

P.: -"Ma io sono sposato...!"

Il terapeuta riprende il controllo della situazione.

T.: -"Ha una relazione extra coniugale…!"

Il paziente, sempre più agitato, lo interrompe:

P.: -"No… questo no… cioè… niente sesso, se è questo che intende!"

Il terapeuta appare disorientato e prova a prendere tempo:

T.: -"Se non c'è sesso, non ci sarebbe una vera e propria relazione extra coniugale!"

Per la prima volta il paziente appare sorpreso dalla "rivelazione" e si ferma sulla sedia.

P.: -"Non ho tradito mia moglie?"

T.: -"A me sembra proprio di no! Mi vuole raccontare come si è innamorato di questa persona?"

Il paziente si mette finalmente comodo sulla sedia e inizia il suo racconto.

È sposato da sette anni, con un figlio di cinque; la moglie lavora, si vedono poco, ma non ci sono liti in casa, anzi, non ricorda di aver mai litigato con la moglie; fa sesso con lei "regolarmente", poi specifica "quasi una volta al mese" e il viso tradisce una smorfia di disappunto.

Sollecitato, dice che fa "il suo dovere", anche se è sempre la stessa storia, "un po' ripetitiva e monotona"; però nessuno dei due si è mai lamentato con l'altro.

Circa due mesi fa ha incontrato una "ragazza di quasi quarant'anni" – così la definisce - per motivi di lavoro: "carina ma tanto antipatica e prepotente!"

L'ha dovuta re-incontrare per motivi di lavoro ma, a causa di un temporale, si sono rifugiati in un bar e hanno cominciato a parlare: prima di lavoro, poi, "dato che il temporale non decideva ad andarsene" anche di altri argomenti, ma non specifica quali.

T.: -"Ricorda in particolare qualcuno di questi argomenti?"

P.: -"Buio totale! La guardavo come in trance e non ascoltavo una parola di quello che diceva!"

La donna, a un certo punto, si era messa a ridere di gusto perché se ne era accorta, ma la cosa non l'aveva per niente irritata.

P.: -"Abbiamo concordato un appuntamento di lì a una settimana, anche se avremmo potuto risolvere la cosa per telefono; ma tutti e due abbiamo fatto finta di niente e ci siamo rivisti".

Nel corso del nuovo incontro, "non si sa come, o non ricordo, lei ha cominciato a parlare di sé" e, a un certo punto ha cominciato a piangere.

Piccola pausa di riflessione, poi il paziente riprende:

P.: -"Ho condiviso la sua sofferenza e l'ho confortata: lei ha preso la mia mano nelle sue e mi ha ringraziato. Niente di più: poi siamo andati via... anzi no! Lei mi chiede se mi può telefonare e ci scambiamo i numeri di cellulare... Ma niente di che...!"

T.: -"Che vuol dire: niente di che?"

P.: -"Non vuol dire niente... cioè... non c'era niente... insomma: mi dispiaceva per lei! Si era presentata in un modo, si era rivelata in un altro... E poi mi aveva preso la mano in quel modo...

Non mi era mai successo... Mi sentivo importante... ma niente di che..."

T.: -"C'è stato qualche altro incontro?"

P. (sorpreso e risentito): -"Certo che sì! Ma prima mi ha telefonato… Siamo stati un'ora a telefono e, non so perché, anche io ho cominciato a raccontarle i fatti miei".

T.: -"Quali fatti?"

P.: -"I miei!"

T. -"Quali sarebbero i fatti suoi, di che natura?"

Il paziente appare a disagio; poi si concentra e riprende il racconto.

Non aveva mai parlato a nessuno "dei fatti suoi", cioè dei suoi malumori, delle sue insoddisfazioni e dei suoi disagi; non sa dire perché abbia deciso di rivelarli alla "prima venuta" però, l'essersi comportato in quel modo, lo ha fatto sentire meglio, "come se una parte del suo macigno fosse passato su un'altra spalla".

Da quel momento "si è sorpreso spesso a pensare a lei", ma così, senza "malizia" o secondi fini.

Fino a tre giorni prima, quando si sono incontrati al solito bar e ognuno dei due "si è sentito di dover raccontare una balla" per assentarsi dal lavoro.

In quel bar lei gli ha preso ancora una volta la mano nelle sue e gli ha detto:

P.: -"Credo di essermi innamorata di te! E io subito di rimando, senza pensarci su: Anch'io credo proprio di esserlo di te. In quel momento mi è parso che il Mondo avesse un'altra dimensione e io ne facevo parte insieme con lei: è stato bellissimo!"

Segue una pausa di silenzio, in cui probabilmente rivive quel momento; il terapeuta rispetta la pausa ma poi decide con tono pacato di riportarlo alla cruda realtà dell'hic et nunc.

T.: -"Cos'è cambiato, oggi, da quell'incontro al bar?"

P.: -"Cos'è cambiato oggi? – sembra arrabbiato e anche un po' aggressivo - Non oggi! Subito! Quel giorno stesso quando sono tornato a casa mia! – sembra quasi sul punto di piangere- Appena ho aperto la porta, mio figlio mi è corso incontro! Ho avuto paura! Mi sono sentito un verme! Non capisce? Avevo tradito tutti…" - si interrompe sopraffatto dall'angoscia.

T.: -"Vediamo se ho capito… ma lei mi corregga se sbaglio: lei è sposato e ha un figlio di quattro o cinque anni, non ricordo – il P indica cinque con le dita- Due mesi fa incontra una donna, per motivi di lavoro, poi, per caso, complice un temporale, cominciate a parlare di argomenti che esulano dal campo del lavoro, cioè parlate dei 'fatti vostri', come li chiama lei; l'iniziale antipatia si tramuta in simpatia, che è già un sentimento importante; nell'ultimo incontro la ragazza, della quale non mi ha ancora detto il nome di battesimo, le 'rivela' che 'probabilmente' si sta innamorando e lei conferma che anche da parte sua sta succedendo qualcosa di simile.

In concreto, ma è tutto da verificare, pare che stia nascendo un sentimento tra voi due: è così?"

Il paziente appare disorientato.

P.: -"Detto così sembra che non sia successo niente…!"

T.: -"Mi dica lei cosa le sembra che sia successo! Proviamo a fare una cosa strana che si chiama ABC, che dopo le spiegherò: A sta a indicare l'avvenimento, cioè 'ho incontrato una donna': C sta per l'emozione che prova in questo momento; la sa individuare?"

P.: -"Ho paura, una paura fottuta…"

T.: -"Perché ha questo tipo di paura? Quale pensiero spaventoso, irreparabile, le passa per la testa?"

P.: -"Il mio matrimonio andrà a rotoli; non vedrò più mio figlio; perderò il lavoro…!"

T.: -"Alt alt alt! Questo che ha appena detto sarebbe il "B", cioè il cosiddetto pensiero irrazionale!

Lei però parla come una persona che ha già deciso un sacco di cose! Separarsi dalla moglie, iniziare una causa per l'assegnazione del figlio, iniziare una relazione stabile e alla luce del sole con questa 'ragazza' di quarant'anni, e… che c'entra il lavoro? È dipendente di sua moglie o di suo suocero?"

P.: -"Ma no, ma no! Lavoro in proprio per conto mio!"

T.: -"Bene! Allora questa paura la possiamo subito archiviare: non ha ragione di esistere! Per adesso mi pare che dobbiamo parlare solo della nascita di un sentimento! Per lei è normale che tra un uomo e una donna possa nascere un sentimento?"

P.: -"Certo che è normale… cioè no… insomma…"

T.: -"C'entra qualcosa nella sua valutazione il fatto che è sposato? È questo che vuol dire? Secondo lei, un soggetto sposato non ha diritto di provare dei sentimenti né tanto meno di farne nascere in una persona?"

P.: -"Credo di sì… però non lo so… forse no…!"

T.: -"Mi sembra che lei abbia le idee un po' confuse! Provo a spiegarglielo io. Un sentimento nasce o non nasce a prescindere dalla nostra razionalità: è un fatto naturale e, sotto certi versi, istintivo.

Non si decide di provare simpatia o antipatia: si prova e basta!

Lei ha incontrato una persona e, reciprocamente, avete provato, come dire, un filing reciproco.

Il fatto di essere sposato non c'entra niente! Non può sentirsi in colpa per una cosa che non dipende da lei: è successo!"

P.: -"Non è colpa mia?" - sembra perplesso.

T.: -"Non è colpa di nessuno! Non c'è colpa!"

P.: -"E se si va oltre?"

T.: -"Se inizia una 'Storia' ci saranno da fare delle valutazioni, ma sicuramente non da emettere delle sentenze! Bisognerà capire ancora un sacco di cose! La Storia ancora non è cominciata: è questo il punto!"

P.: -"Che devo fare, secondo lei?"

T.: -"Non devo e non posso essere io a dirle quello che deve fare: io posso solo cercare di far chiarezza, per quello che riguarda le sue emozioni e i suoi pensieri, non sempre razionali.

Chi decide non può che essere soltanto lei... A proposito: ha chiesto alla signora o signorina se anche lei condivide queste paure?"

P.: -"Anche lei è sposata, ma non credo abbia figli: non ne abbiamo parlato. Cosa dovrei chiederle esattamente?"

T.: -"Le riveli i suoi timori e le chieda se anche lei ne ha da parte sua..."

P. (interrompendo bruscamente): - "Ma farò una figura di merda!"

T.: -"Parlando con me lei pensa che stia facendo una figura di merda?"

P. (spazientito): -"Ma con lei è un'altra cosa! E poi lei è un uomo, può capire meglio…"

T.: -"In effetti un po' di ragione ce l'ha! Deve rivedere la signora a breve?"

P.: -"Accidenti sì… domani… altrimenti perché sarei venuto con tanta fretta!"

T.: -"Cioè mi sta dicendo che quello che farà domani dipende da quanto ci stiamo dicendo?"

Il paziente accenna di 'sì' col capo come fosse la cosa più ovvia del mondo.

T.: -"Ma non sarebbe più giusto che la 'sua' decisione scaturisse da una attenta valutazione dei suoi sentimenti nei confronti sia di sua moglie che di questa signora?"

Il paziente riprende ad agitarsi sulla sedia.

T.: -"Non può chiedere a nessuno di decidere al posto suo: sarebbe non corretto nei confronti di entrambi! Solo lei conosce le emozioni che questo incontro imprevisto ha smosso e solo lei può sapere se se la sente di trasformare questo incontro occasionale in una storia. In ogni caso sarebbe opportuno andare a questo incontro e valutare 'insieme' la situazione!".

Il paziente si recò all'appuntamento e insieme decisero che nessuno dei due poteva assolutamente fare a meno dell'altro: nel secondo incontro l'angoscia si era molto attenuata, anche se i sensi di colpa persistevano: e questi sarebbero stati oggetto dei successivi colloqui.

LA FASE RIVELANTE

La *Fase Rivelante* ha sempre due aspetti:
la rivelazione a se stesso/stessa;
la rivelazione all'altro/altra.
La rivelazione *a se stesso/stessa* viene vissuta come una *scoperta inattesa*:
"Ma allora sono innamorato/innamorata?" oppure:
"Cosa mi sta succedendo?"
La risposta non è immediata ma la connessione tra il *mutamento emozionale* e la *nuova situazione relazionale* balza rapidamente davanti agli occhi: sorpresa, spavento, gioia sono le emozioni che più di frequente si susseguono nell'animo dell'*iniziato/iniziata*, cioè di colui/colei che si appresta, in un modo o nell'altro, a vivere un nuovo percorso.

Anche se questo si dovesse interrompere rapidamente, perché per motivi vari, religiosi piuttosto che morali, per paura piuttosto che per entusiasmo, per ragioni di comodo piuttosto che di intraprendenza, non si ha la capacità o la forza o la voglia di *andare avanti*, comunque un ricordo e di conseguenza un'esperienza di quanto si è vissuto fin lì resterà e sarà sempre motivo di rimpianto o di spavento!

Solo gli *incoscienti* si catapultano in una storia senza pensarci: la *consapevolezza* crea la necessità di un primo consuntivo.

"Quanto ne val la pena? Dopo cosa succederà? E se vengo scoperto/scoperta... Adesso vivo tranquillo/tranquilla"

Questi e altri sono tutti ragionamenti che spingerebbero, secondo logica a... lasciar perdere!

Altre volte, l'idea che *terzi* potrebbero soffrire per un *colpo di testa,* al momento improvviso e incomprensibile, fa prendere strazianti decisioni, che lasceranno un perenne rimpianto interiore, spesso però associato a un ingiustificato risentimento nei confronti di quegli stessi per i quali ci si è sacrificati o si crede di essersi sacrificati.

Una sola considerazione determina il proseguimento di una relazione allo *stato nascente*:

"Non posso farne a meno: è troppo importante! Mi sento, ormai, troppo coinvolto/coinvolta!"

Chi fa questa considerazione capisce che *qualcosa* è cambiato: non è proprio del tutto chiaro cosa sia mai cambiato, ma si intuisce che questo cambiamento è *un qualcosa di importante*: tanti particolari assumono un aspetto e un significato diverso; ci si sente diversi!

Questa novità, il non riconoscersi nel solito status, che improvvisamente diventa superato e di non sufficiente interesse, è l'ulteriore molla per *proseguire piuttosto che per trasgredire,* in questa nuova dimensione sconosciuta ma affascinante: se la relazione prosegue, e solo se la relazione prosegue, io nasco a nuova vita e intraprendo un cammino diverso, rispetto all'oramai tedioso passato;

la *noia del viver quotidiano* si è di colpa dileguata come la nebbia quando il sole scalda il mattino!

La molla principale della decisione del continuare va ricercata dentro se stessi e non nel contesto situazionale o neo relazionale: l'*Io cosciente* si sente bene per se stesso in questo nuovo contesto e si riconosce come vero e reale, disconoscendo il precedente!

La rivelazione all'altro/altra avviene dopo questa prima fase e la fa chi per primo prende pienamente coscienza del cambio di rotta nell'ambito della relazione, dapprima solo amicale o innocente.

Ancora una volta il quadro che si presenta può prendere direzioni ben distinte:

anche l'altra/altro ha preso coscienza di sé e della novità: l'ha già accettata per sé ed è ben entusiasta che anche per l'altro/altra esistano le stesse emozioni!

Questa è la *Rivelazione Condivisa*: la condivisione sta tutta nello spazio temporale; più o meno contemporaneamente si prende coscienza dell'innamoramento.

Infatti, le prime domande sono comunemente:

-"Quando ti sei accorto/accorta la prima volta…?"

-"Come hai capito che anch'io…?"

quasi a sondare chi ha la "responsabilità" di aver fatto il primo passo oppure per capire se si è fatto qualcosa di speciale perché l'altro/altra si "sia lasciato andare".

Nella maggioranza dei casi si è in due a fare "qualcosa" perché l'altro/altra percepisca un messaggio speciale, indirizzato solo a lui/lei; anche le risposte sono abbastanza contemporanee e *di rinforzo* al convincimento che "qualcosa sta succedendo anche se non si sa bene cosa".

La *Fase Rivelante*, in realtà, più che a sondare come è successo e quando, fenomeni che già appartengono al passato, serve a svelare l'*hic et nunc:* cioè quello che sta succedendo in quel preciso momento e in quel preciso posto e, soprattutto, svela le emozioni che stanno emergendo in conseguenza della rivelazione medesima.

Sono queste emozioni nuove, e non le precedenti, che erano solo ipotetiche perché inconsce e soprattutto non basate su avvenimenti reali o condivisi, i nuovi pilastri della relazione, che si avvia a passare alla fase successiva, quella *esplodente.*

Cosa accade invece se questa condivisione temporale non è contemporanea?

Ci sono almeno due possibilità: la prima, è che per uno dei due non è accaduto assolutamente nulla di quello che è successo all'altro/altra: amicizia era e amicizia resta, niente di più!

Per evitare problemi maggiori, i due decidono di interrompere quel percorso, che, tra l'altro, per uno dei due non era assolutamente un percorso ma, al massimo, una relazione amicale.

Può, invece, accadere che effettivamente uno dei due non si fosse per niente accorto del cambio di direzione della relazione però, al momento della rivelazione, resta sconvolto/sconvolta: non ci aveva pensato!

Che si fa?

Ancora una volta sono percorribili almeno due strade:

la prima, è la presa di coscienza, sia pure a scoppio ritardato e in seguito al suggerimento, che qualcosa sta cambiando e si chiede un po' di tempo per mettersi in pari, ritardando di fatto la fase successiva, quella *esplodente*, senza peraltro particolari complicazioni;

l'altra strada è quella dell'incertezza: ci sono dentro perché me lo ha suggerito lui/lei o perché sono convinto/convinta che anche per me sia proprio come dice lui/lei?

Quest'ultima strada è quasi sempre senza futuro: il dubbio, prima o dopo, si insinua anche in chi per primo aveva vissuto la *rivelazione*, per cui l'unione necessaria e indispensabile affinché la relazione abbia possibilità di andare avanti si sfilaccia e ogni cosa perde di significato e di *importanza rivelante*.

Appare evidente che, tra i vari casi esaminati, quello che ha le migliori speranze di un futuro è il primo: quello della coppia che, quasi in contemporanea, si rende conto di quanto sta accadendo dentro di loro e intorno a loro.

La *Fase Rivelante,* che, si ricordi, riguarda sempre e solo l'*hic et nunc*, ha esaurito il suo compito e cede il passo alla fase successiva, la *Fase Esplodente.*

Caso Clinico 2

C. LC. è una donna di circa cinquanta anni, già in terapia da circa un anno, dopo essere approdata precedentemente in parecchi studi o psichiatrici o psicanalitici per comportamenti abbastanza originali e potenzialmente pericolosi per la sua incolumità: una volta aveva ingerito delle pillole e in un'altra occasione si era gettata in un lago, dal traghetto, non con intenti suicidi, come da sempre ha sostenuto, ma solo con l'intento di raggiungere a nuoto la riva.

Si era sempre presentata in studio puntuale e con i 'compiti a casa' svolti diligentemente; da poco meno di un mese era misteriosamente scomparsa e il suo cellulare era muto e sordo.

Inaspettatamente telefona in studio e chiede un appuntamento, non senza essersi prima scusata per essere sparita senza dare più notizie di sé.

Arriva in studio serena e visibilmente contenta: è sorridente, mentre prima arrivava un po' crucciata e guardava in viso l'interlocutore da sotto in su, segno di insicurezza sua e di diffidenza nei confronti del terapeuta.

T.: -"La vedo in forma, signora MC: è successo qualcosa di bello di cui io non sono a conoscenza?"

P.: -"Direi di si: ho una storia…!" e nel dirlo gli occhi le brillano per la gioia.

La paziente si era sempre lamentata della scarsissima intraprendenza del marito, per il quale aveva stima e affetto sincero, dopo quasi vent'anni di matrimonio; però, sessualmente parlando, non si erano mai capiti; lei troppo intraprendente, lui troppo spento.

Tuttavia non si era mai spinta neanche ad avere un'avventura, a parte una parentesi di un giorno in cui aveva scambiato 'un bacio e basta' con un amico comune: subito dopo si era sentita terribilmente in colpa, colpa successivamente mutata in rabbia, al ricordo dell'assoluta inerzia sessuale del marito.

T.: -"Mi racconti…"

P.: -"Circa sei mesi fa al mare, ho conosciuto P., un uomo un po' più giovane di me di un paio d'anni, col quale condivido la passione per l'arte antica: non per niente ci siamo conosciuti nella Valle dei Templi di Agrigento.

Lui parlava e spiegava e informava, finché non gli ho detto, ridendo, che ero insegnante di Storia dell'Arte al Liceo: anche lui è scoppiato a ridere!

Abbiamo cominciato a parlare di tanti argomenti, fino a quando la guida, anzi le guide, non sono venute a chiamarci: infatti, eravamo in due gruppi diversi.

Prima di salire sui due pullman, che ci avrebbero portato in direzioni opposte, lui ha segnato il suo numero di cellulare su un foglietto e me lo ha dato: l'ho preso convintissima che non ci saremmo più visti: capirà, al mare, in vacanza e, in più, nel corso di una gita organizzata…

Invece ci siamo incontrati sul traghetto che ci portava da Palermo a Napoli: abbiamo pensato, senza dircelo subito, che il destino ci aveva teso un tranello... un bel tranello...

Mio marito, lo sa, russa di notte e io non riuscivo a dormire: sono salita sul ponte e, per puro caso, ci siamo incontrati ancora; lui si è avvicinato pericolosamente al viso ed io... non mi sono allontanata: ci siamo baciati e poi... abbiamo fatto l'amore in un cantuccio! È stato bellissimo: è stato come se rinascessi a nuova vita.

Gli ho chiesto, e lui pressoché contemporaneamente lo ha domandato a me, quando si fosse accorto, dato il pochissimo tempo trascorso insieme, di essere interessato a me: da subito, ci siamo risposti.

Lui abita a settanta chilometri da qui e poiché io spesso devo andare a trovare i miei in città, oramai ci incontriamo costantemente, almeno una volta per settimana.

Con lui sto bene e lui sta bene con me: ovviamente teniamo tutto nascosto a tutti, e ora lei è l'unico che sa; noi andiamo avanti così...

Siamo felici: questo sono venuto a dirle; ci tenevo, perché lei è stata la prima persona a dirmi e a dimostrarmi che non ero matta; ha dato delle spiegazioni alle mie paure e ai miei comportamenti conseguenti.

Ora vorrei camminare da sola: però mi promette che se la chiamo mi starà ancora a sentire?"

T.: -"Promessa accordata..."

E ci si è salutati con tanta simpatia...

A distanza di quasi un anno, LC non ha chiesto altri appuntamenti, telefona solo per gli auguri di Natale e

Pasqua e appare sempre serena e tranquilla: la sua storia continua, senza alcun senso di colpa!

LA FASE ESPLODENTE

Nella *Fase Esplodente,* la condivisione delle emozioni, dopo averle tenute dentro per un certo tempo ognuno per proprio conto, determina un'eruzione vulcanica di *ideazioni,* di *fantasie,* di *sensazioni,* a volte sopite e un po' dimenticate, altre volte assolutamente nuove e, in quanto tali, positivamente sconvolgenti.
Ognuno dei due racconta all'altro qualcosa che *sente dentro e non può fare a meno di rivelarlo!*
Ma anche l'altro vive la stessa esperienza e nel rivelarla a sua volta, si scopre il primo punto in comune: *la capacità di riuscire a emozionarsi ancora!*
La seconda scoperta, non meno importante della prima, è *la capacità di raccontarsi reciprocamente queste nuove emozioni* e, quindi, *di emozionarsi insieme!*
Aver voglia di *vivere,* aver voglia di *sperimentare,* aver voglia di *mettersi in gioco* e, quindi, di *rischiare,* e infine, aver voglia di *raccontarsi* sono tutte situazioni assolutamente nuove che restituiscono la voglia di vivere la tua giornata con entusiasmo e di aspettare il giorno dopo con altrettanto entusiasmo, perché sicuramente accadrà qualche altra cosa gradevole!
Per quanto l'espressione più abusata in una relazione extra sia:
-"Viviamo alla giornata!" cioè il famoso *Carpe Diem* latino, la *Fase Esplodente* è sempre proiettata al futuro, al domani!

-"Quando ci vediamo?"

-"Dove ci vediamo?"

-"Non sarebbe meglio che domani…?"

La *Progettazione o Ideazione,* come la si vuol chiamare, per sua natura è proiettata sempre nel tempo futuro: progettazione del nuovo incontro, progettazione del nuovo "covo", progettazione sul da farsi, in poche parole.

A maggior ragione le *Fantasticherie,* di qualsivoglia genere, sono intrappolate in quello che ancora non è successo e si spera accadrà.

La Fantasia è una della molle principali su cui si regge una relazione extra; fatto sempre salvo il rispetto reciproco che non deve mai mancare, il fatto stesso che si stia vivendo, e quindi agendo, una *situazione trasgressiva, "di nascosto",* implica che si possa andare *"un po' oltre"* quelli che sono stati i confini di una relazione "normale": niente di sado-maso, per carità, ma quel pizzico di pepe che è sempre esistito nella propria testa, ma sembrava assolutamente "non gestibile" o "applicabile alla realtà di tutti i giorni".

Anni fa si sosteneva che il grande successo goduto dalle prostitute, a prescindere dal periodo storico, fosse legato al fatto che con "loro" gli "Uomini" potevano fare quello che non avrebbero mai osato chiedere alle mogli!

Oggi questa teoria ha perduto parecchio della sua credibilità, perché son più le donne a chiedere qualcosa in più al maschietto col risultato, spesso, di metterlo in fuga!

Considerare, però, la relazione extra come una specie di Eden del sesso è l'errore di sottovalutazione più grave che si possa fare!

La *Trasgressione* perde il significato che abitualmente le si attribuisce, riferendolo a *qualcosa di peccaminoso che si fa solo con qualcun altro/altra,* per assumere invece delle caratteristiche *personali* completamente diverse e, soprattutto, con caratteristiche del tutto nuove e con significati ben differenti: la *trasgressione* cioè diventa *Liberazione;* in primis, liberazione *del sé!*

Sono sempre io, ma non sono la stessa persona che ho sempre creduto di essere: il mio carattere, prima compresso e soffocato non da qualcun altro fuori di me, ma da me stesso, che sentivo questo *dovere* di essere così e non in un altro modo, si scopre essere ben altro da quello che ho sempre creduto!

Prima si recitava una parte, imposta da nessuno, ma *doveva essere quella!*

Spogliato il vestito di scena, si riscopre un altro personaggio, nel quale si sta a proprio agio come mai prima: si scopre che "l'attore/attrice" era *quello/quella di prima!*

C'è poi la *Liberazione del pensiero ideativo*: progetto di iniziative nuove, mai prima nemmeno immaginate; tutto questo fa star bene malgrado un po' di ansia, che solitamente accompagna questa fase, e crea nello stesso tempo *entusiasmo*, singolare situazione da troppo tempo evaporata e dimenticata.

L'entusiasmo, cioè la voglia di fare con gioia e senza risentirne la fatica, è un'emozione nuova, che non può nascere solo dalla voglia di fare, come dire, *sesso in libera uscita*: è qualcosa di molto più intimo e coinvolgente, perché ognuno dei due sente che l'altro/altra vive la stessa esperienza e già solo questo fa salire questa emozione esponenzialmente!

Il *lievito* della relazione extra è *l'entusiasmo* di entrambi per tutto: dalla mano nella mano allo sfioramento furtivo in mezzo alla folla, dall'incontro casuale non programmato all'appuntamento super organizzato, dal sussurrio al telefono all'esplosione di gioia stretti tra le braccia e si potrebbe ancora continuare.

E infine, ma di certo non meno importante, la *Liberazione della Fantasia*:

la *creatività* non ha più bisogno di grandi sforzi o di suggerimenti; tutto sembra venire spontaneamente come se non si fosse fatto altro, anche nella vita "precedente".

Anche chi non si è mai cimentato, scrive poesie o racconti o storie o immagina situazioni fantastiche e le rivela all'altro/altra, che ne resta favorevolmente sorpreso/sorpresa: nessuno diventa poeta o scrittore e, difficilmente, le composizioni hanno un significato letterario; però un significato romantico ce l'hanno di sicuro, perché l'ispiratore/ispiratrice è solo e semplicemente l'altro/altra a cui, in esclusiva, viene dedicato/dedicata.

Come si deduce, tutti questi prodotti di *Liberazione* riguardano il futuro, il momento, cioè, in cui verranno rivelati e, quindi, condivisi con l'altro/altra.

La *Creatività* è il fattore principe della *Fase Esplodente*: difficilmente si esaurisce in un tempo determinato e, soprattutto, tutto in una volta e all'improvviso.

È più frequente, anzi, la regola oserei dire che a volte si affievolisce e a volte si rafforza, per cui il passaggio alla fase successiva, quella detta della *Stabilizzazione* avviene in maniera lenta e graduale, con passaggi da una fase all'altra senza particolari traumi.

Quando, stabilmente, la *Creatività* si affievolisce, sia pure senza sparire del tutto, ci troviamo nella fase finale, la *Fase di Stabilizzazione*.

LA FASE DI STABILIZZAZIONE

La *Fase di Stabilizzazione* in una relazione extra ha ben poco a che vedere con una fase analoga vissuta in una relazione coniugale o di convivenza; manca, infatti, un elemento importante che è, nello stesso tempo un punto di forza e un punto di debolezza: manca la *Quotidianità*!

Ma cos'è la *Quotidianità?*

Il *quotidiano* è tutto quanto *si deve fare, giorno dopo giorno,* a prescindere...

Si tratta delle azioni di tutti i giorni, quelle che si fanno *in automatico*, senza neanche starci lì a pensare più di tanto: in poche parole occuparsi della propria persona, di quelle che ci circondano e dell'ambiente in cui si vive.

Vivere da soli la *quotidianità* è un conto, viverla in due è tutta un'altra storia.

Se tra due estranei è solo la buona educazione che può fare da mediatrice, in una coppia, maritale o convivente, è l'affettività a far da tramite tra le opposte *abitudini*.

Sono proprio queste, le *abitudini*, a mettere prima o dopo scompiglio in un rapporto, qualunque esso sia: è tremendamente difficile rinunziare al proprio modo di pensare e di fare; sarebbe come trasformarsi, in parte, in un'altra persona: nessuno è disposto a farlo!

43

Si passa, allora, alla fase della *tolleranza*: io tollero te e tu tolleri me!

La cosa, all'inizio, funziona pur con qualche distinguo: e sì, perché c'è sempre uno che tollera di più e un altro che tollera di meno.

Attenzione: non è che chi tollera di più non prenda appunti, al contrario!

Quando la tolleranza comincia a vacillare ecco che il block notes si apre e cominciano le *recriminazioni*.

Nella relazione extra non c'è spazio per tutto questo, perché non c'è *quotidianità*: il vantaggio è che le abitudini personali non cambiano, per cui non nasce *tolleranza,* che alla lunga crea *intolleranza* e, di conseguenza, non ci sono *recriminazioni* legate sia alle proprie abitudini da abbandonare sia a quelle altrui da tollerare.

Lo svantaggio è che non si creano mai *abitudini comuni,* come invece alla lunga accade nelle coppie maritali o conviventi, le quali alla fine diventano uno dei collant dell'unione, determinandone di fatto la *stabilizzazione*.

Nella relazione extra la *Fase di Stabilizzazione* è legata al consolidamento sentimentale, senza più gli eccessi di *entusiasmi* iniziali e con un affievolimento della *creatività*, che in effetti non hanno più ragione d'essere, essendo manifesto ai due componenti della coppia che non è più né da scoprire né da rivelare l'emozione che ha portato alla loro unione di fatto: essa è già nota e manifesta.

Questo non vuol dire un affievolimento del legame affettivo: tutt'altro!

Se restano in piedi le ragioni che hanno portato due persone a perseverare nella loro relazione, ciò vuol dire che sono bel saldi i sentimenti nati da quell'iniziale emozione, mai sopita e sempre presente, che ha dato un significato al loro percorso insieme.

Non ci sono casi clinici per quello che compete quest'ultima fase: evidentemente se si è arrivati fin qui vuol dire che tutto va bene e, quindi, lo psicoterapeuta non serve.

In caso di fine della storia, non c'è nessuna differenza tra coppie di diversa provenienza: i problemi eventuali legati all'abbandono o alla perdita sono uguali su tutti i versanti!

QUANDO L'ALTRO/ALTRA È IL/LA MIGLIORE AMICA

Una situazione tutt'altro che eccezionale è quella nella quale il Lui o la Lei di turno scopre che l'Altro/altra è proprio il suo o la sua migliore amica.

La rabbia è doppia: ci si sente traditi da due persone, contemporaneamente, e talora ferisce di più il *tradimento* dell'amico/amica che non quello del partner.

Il problema è che lo *svelamento* della situazione è la parte finale di tutta una serie di circostanze che sono, né più né meno, le varie fasi di cui abbiamo parlato fin qui.

C'è però una differenza fondamentale con tutte le altre situazioni, in cui l'altro/altra è un personaggio sconosciuto o, comunque, poco noto o notato dall'offeso/offesa.

Spesso è proprio il futuro o la futura *vittima* della relazione extra coniugale a creare le basi di un *rapporto nuovo del proprio partner!*

Quante volte, al fine di ricevere un consiglio, si parla non solo della circostanza oggetto dell'eventuale consiglio, ma si entra in particolari noti solo a chi racconta!

Si parla del proprio partner con tale dovizia di particolari, si descrivono le sue abitudini con tale precisione, si entra in particolari anche intimi, che l'altro/altra comincia a conoscerla/conoscerlo per cui

46

a suo modo si fa delle sue idee; ovviamente succede che, quando incontra il/la protagonista del racconto, quest'ultima non sa di essere conosciuta così bene dall'altro/altra!

Inoltre chi ascolta ha una sensibilità diversa da chi rivela, perché non c'è l'inquinamento della quotidianità, che fa trascurare particolari importanti a discapito di presunte incomprensioni nate da un non detto o da una ancora scarsa conoscenza sia dell'altro/altra sia del proprio carattere:

chi descrive, fa presente le difficoltà del momento e trascura, ovviamente, tutti gli altri momenti importanti che hanno fatto di quelle due persone una coppia.

Non è chiaro a chi ascolta che non si sta parlando di *crisi di coppia* ma solo di un momento di disagio, non del tutto misconosciuto come tale neanche da chi racconta.

Chi ascolta comincia a pensare con la propria testa: però, invece di cercare l'eventuale soluzione del problema esposto, a vantaggio dell'amico/amica, a lui/lei si sostituisce e diventa un protagonista inconsapevole: che farei io in questo frangente?

Per forza di cose, deve immaginare la reazione dell'altro/altra: in genere *l'inghippo* nasce proprio a questo punto!

Uno dei due elementi della coppia viene, per ora solo mentalmente, sostituito: il meccanismo ha cominciato a mettersi in moto…

Quanto poi accade realmente, è un fatto addirittura trascurabile: l'incontro raramente è casuale, inevitabile è la meraviglia dell'altro/altra, scontata è la comprensione per il problema che sta vivendo.

Chi sa già dell'altrui problema e, sia pure inconsciamente, è molto disponibile a comprendere e a giustificare, troverà sicuramente l'alleanza dell'altro/altra, che fa subito il confronto con chi gli/le sta accanto da tanto tempo senza riuscire a capire niente.

A volte nasce anche della complicità, ancora inconsapevole: meglio non parlate all'altro/altra di quello che ci si è detto; si prova solo a mettere in pratica l'eventuale consiglio, a causa del quale ci si rivedrà per riparlarne!

Ancora un altro elemento *facilitante,* per scivolare nella relazione extra coniugale, è la *lacrima* della donna o l'*umore depresso* dell'uomo: scatta immediatamente *la solidarietà* e quindi *l'azione consolatoria:* un lungo abbraccio, una carezza, un sorriso poi il *bacio galeotto,* che covava da tempo sotto la cenere e che rende manifesto a tutti e due quali siano i veri nuovi sentimenti *nascenti!*

Come si può vedere, non c'è nulla di premeditato, almeno quando non c'è la chiara volontà dell'amico/amica di voler semplicemente approfittare della situazione per un volgare tornaconto personale: ma qui non c'entra più l'amicizia, che probabilmente non c'è mai stata, e nemmeno il sentimento, che può nascere da una situazione compassionevole.

L'errore in questo caso è a monte e consiste nell'aver considerato come amico/amica una persona che è tutt'altro!

In ogni altro caso, la *grande amicizia* può, ma non necessariamente deve per forza, diventare un facilitante di situazioni a tre.

Caso Clinico 3

C.M. è una signora di circa 45 anni, sposata in giovanissima età, madre di due figli entrambi maggiorenni, dall'aspetto gradevole e dal carattere gioviale e intraprendente, anche se ha sempre cercato di nascondere un velo di malinconia.

Conosco la paziente da molti anni, ma esclusivamente per problemi di salute.

Un giorno entra nel mio studio e non prova nemmeno a nascondere il malessere interiore che l'attanaglia: è veramente angosciata!

Le chiedo se è successo qualcosa di grave e lei fa cenno di sì col capo: sembra le manchi il respiro tanto non riesce a spiaccicar parola.

Le lascio il tempo che vuole per riprendersi, senza sollecitarla.

Finalmente comincia il suo racconto.

Lei, da sempre, è la confidente di mezzo mondo: dove abita, che è un piccolo centro, in tanti si rivolgono a lei per un parere o un consiglio sia per figli un po' sbandati, sia per anziani troppo esigenti ed egoisti, sia per situazioni personali, sulle quali, a suo dire, cerca sempre di glissare perché non vuole trovarsi in mezzo a situazioni sgradevoli.

È successo che circa otto o nove mesi fa la sua migliore amica si è recata da lei in uno stato di agitazione psicomotoria pressoché incontrollabile, tanto che ha dovuto farla stendere sul letto affinché fosse in grado di spiaccicar parola, un po' come lei in quel momento.

Infine le rivela che il marito la trascura perché ha un'altra: stupore generale perché C.M. conosce il marito dell'amica, anche se non proprio bene, e tutto il paese lo porta in palmo di mano come un gran lavoratore, senza grilli per la testa, tutto lavoro famiglia e Chiesa.

Da qualche tempo il marito, subito dopo finito di lavorare, fa la doccia e si eclissa per poco meno di un'ora e mezzo, senza dare spiegazioni, mostrandosi infastidito se la moglie insiste per sapere dove vada.

Prove concrete dell'esistenza dell'altra non ce ne sono, però anche sessualmente l'interesse è scemato notevolmente e i mal di testa o di schiena di lui non si contano.

Sulle prime la moglie non ha fatto caso perché il marito da sempre è impegnato nel volontariato e "non ha mai saputo dir di no a nessuno": ma stavolta è diverso!

Nessuno sa niente di niente di quel vuoto di due ore tutti i giorni: qualcosa sta succedendo di sicuro.

E proprio quella mattina ha scoperto il "fattaccio": lei non doveva essere in quella strada, il marito doveva essere in un'altra zona; fatto sta che erano tutti nello stesso posto, compresa "l'intrusa"!

Infatti l'amica "sorprende" il marito che s'intrattiene a parlare con una donna, lei in macchina lui in piedi accanto al posto di guida e, prima che l'auto parta lui le carezza il viso dopo averla guardata "in maniera volgarmente sdolcinata".

51

"Tutto qui!" aveva commentato C.M. provocando la reazione molto risentita dell'amica, che rivela il primo particolare "intimo": da molto tempo, mesi, non fanno sesso e, quando capita, non è più come prima.

Domanda: "Cioè?".

L'amica racconta per filo e per segno quello che succedeva nell'intimità del talamo coniugale.

C.M. resta "molto turbata" a sentire quel resoconto non richiesto e non può fare a meno di pensare che con suo marito non si è mai verificato neanche un decimo di quanto ascoltato: ma se lo tiene per sé! Dopo tutto è l'amica che ha bisogno di consiglio…

"Perché non ci parli tu?" – le chiede a bruciapelo – "Di te ha stima… Ti prego!"

Nemmeno C.M. è capace di dire dei "No" per cui si confabula e alla fine decidono che avvenga un incontro apparentemente casuale.

Il marito, che si chiama T. S., cade dalle nuvole e ride anche divertito quando C.M. entra in argomento: ma quale amante! La persona con la quale la moglie lo ha "sorpreso" quella mattina è la figlia di un suo carissimo amico e si deve sposare di lì a poco: lui sta finendo un lavoro nella villetta dove andrà ad abitare una volta sposata.

C.M. comincia a sentirsi molto ridicola e impreca contro la sua abitudine "di farsi mettere sempre in mezzo", ma quasi come un automa chiede: "E come mai non fai più sesso come prima con lei?".

Non appena pronunziate quelle parole "si sarebbe data la testa nel muro, ma oramai la frittata era fatta!".

Si aspettava un'altra risata come prima, ma questa volta T. S. non ride affatto; anzi diventa molto pensoso e quasi triste.

Anche T. S. comincia a raccontare: ha superato da poco la cinquantina e da tempo l'insoddisfazione di se stesso ha cominciato a far capolino nel suo animo:

Questa è tutta la sua vita?

E sarà sempre così?

Di cosa si parla, oramai, in casa sua: di problemi, problemi e ancora problemi!

Nessuno dei due dice niente di sé all'altro: ma il dramma vero è che non hanno proprio niente da dirsi!

Sono diventati "due estranei che si conoscono molto bene!", niente di più!

Sesso? Non lo sfiora nemmeno il pensiero!

Il corpo della moglie non lo interessa per niente: non gli va nemmeno di guardarlo, figurarsi il resto!

Quando va via, "scappa" su in montagna a riflettere da solo e ci va lavato e vestito perché "lui si sente ancora una persona e non solo quello che deve sbrigare i mille casini di casa".

"La vita non è facile per nessuno" scappa detto a C. M. e, senza rendersene conto, comincia a raccontare anche lei "qualche cosina di suo".

Decidono di continuare a incontrarsi e, C. M. riferisce anche all'amica di questi incontri, anche se non dice proprio tutto, "perché non tutto era fondamentale!": e l'amica è contenta perché il marito sembra più sereno "adesso".

L'unica informazione tralasciata è che da circa tre mesi oltre a parlare, hanno cominciato a raccontarsi e ad amarsi; ora non riescono più a star lontano l'uno dall'altra e la vita, per tutti e due, ha preso un'altra direzione.

"Qual è il problema?" – chiede il sottoscritto, consapevole della perplessità che la domanda avrebbe creato: in ogni caso è questo il primo quesito da sottoporre all'attenzione del paziente, quando si decide di "prenderlo in carica".

Ho infatti deciso di iniziare "la gestione" di questa relazione, con lo scopo di rendere consapevoli le parti in causa di quale potrebbe essere il percorso per mettere nel posto giusto i vari pezzi del puzzle: ricercare tra le tante alternative più o meno percorribili, la soluzione che è in grado di far soffrire il meno possibile le persone coinvolte loro malgrado e di eliminare il "disagio" dei principali protagonisti: questa metodica è il cosiddetto "problem solving", cioè la ricerca tra le varie opzioni possibili di quella più adeguata per risolvere il problema, che deve sempre tendere a far sì che il disagio di tutti sia il meno gravoso possibile.

QUANDO L'AMANTE È IL COMPUTER

Chattare, incontrare l'altra/altro attraverso il computer, raccontarsi senza essere visti: non è inusuale al giorno d'oggi questo tipo di esperienza.

Il più delle volte si tratta di sfoghi: si è soli o ci si sente soli, per cui si sente il bisogno di raccontare e di sfogarsi; oppure si vuole condividere un disagio comune o ancora si ha semplicemente voglia di ascoltare.

È un po' come parlare con se stessi senza passare per matti!

Capita talora, però, che da cosa possa nascere un'altra cosa: il racconto colpisce l'altro/altra che lo accoglie con *empatia*, cioè lo condivide in maniera *coinvolgente*; da una parte e dall'altra non si può fare a meno di *aprirsi*, vale a dire di rivelare qualcosa di molto personale, di *intimo*.

A questo punto si cerca di *immaginare* l'altro/altra e, ovviamente, lo si fa secondo gli schemi mentali suggeriti dalle rivelazioni ricevute o fatte: non ci sono occhi esaminatori né sguardi comprensivi né toni di voce significativi: c'è solo uno schermo su cui sono incise delle parole!

Può nascere l'amore in queste circostanze e si può parlare di relazione extra in questo caso? La risposta è apparentemente semplice: se tutto resta *circoscritto* all'ambito dello scambio su computer non c'è né amore né relazione extra; manca completamente *la parte somatica* e, senza quella, Platone docet.

Per *parte somatica* si intende il mancato coinvolgimento dei *Sensi*, che forniscono informazioni sostanziali e insostituibili, in mancanza delle quali tutto e quindi niente è possibile: sostituire i *Sensi* con l'*Immaginazione* è quanto di più sbagliato possa accadere in qualsiasi tipo di Relazione!

Ci si *infatua dell'idea che si ha* di un dato argomento, metti amore amicizia o quant'altro: manca la sperimentazione, senza la quale tutto quanto si intraprende è destinato al fallimento.

Toccare, Ascoltare, Vedere sono tappe fondamentali della conoscenza: la *Fantasia*, in nessun caso, potrà mai sostituirli.

Altro è quando comincia a intervenire la webcam: ci si vede e ci si sente e si comincia ad aver voglia di essere più vicini per un *contatto reale*: a questo punto, tutto quello che è avvenuto fin qui è né più né meno di uno dei momenti della fase dello *Stato Nascente* e quindi si rientra negli schemi sopra descritti della relazione extra, con tutte le potenzialità a esso correlato.

Ci si incontra e si testa *in vivo* tutto quanto era stato sperimentato *in vitro*, cioè artificiosamente con l'aiuto di uno strumento moderno di seduzione, come è oggi diventato il computer.

Ma allora, se per vari motivi non ci si incontra, è giustificata la gelosia del partner?

Se la gelosia, quella classica, riguarda la persona dall'altra parte della rete, la gelosia non è assolutamente giustificata: è ridicola, addirittura, perché l'altra/altro, nel *mondo reale* non esiste!

una specie di *video gioco* con il quale ci si trastulla finché fa comodo; affermare *Mi sto Innamorando di te* al computer, ha la stessa valenza dell'innamorarsi di un divo o una diva del Cinema: ci si innamora del *ruolo interpretato;* ma qual è il ruolo che queste persone famose veramente interpretano nella vita reale?

Le cronache ci dicono, il più delle volte se non sempre, che non c'è nessuna relazione tra l'interprete e il personaggio recitato, per cui la persona *vera* e tutta un'altra cosa rispetto a quella *vista* sullo schermo!

Se invece la gelosia riguarda i *Sentimenti,* la faccenda è più complessa.

Scoprire che il/la propria partner *rivela* a chicchessia una parte di sé ad un lui/lei sconosciuta, può ferire sia l'amor proprio sia la *sicurezza* che si aveva dell'altro/altra, per quanto riguarda la delicata riservatezza dei propri sentimenti.

È come se si fosse stati privati di qualcosa a cui, in esclusiva, si aveva diritto: non ferisce tanto il fatto che esista un altro/altra quanto piuttosto di essere stati svelati a uno sconosciuto, che subdolamente si insinua nella camera da letto, rendendosi invisibile a uno dei due elementi della coppia. La reazione riguarda *la perdita di certezza* di conoscere veramente chi si ha accanto:

"Chi sei tu, veramente?" è infatti il primo quesito che si pone.

Ma l'altro/altra reagisce, di solito, come se fosse stato colto in fragranza di reato: il che non è!

La reazione aggrava ancor più l'angoscia dell'altro/altra, che sospetta più di quanto esista in realtà:

ed è proprio la risposta sbagliata alla domanda che fa aumentare la *percezione* di disastro inevitabile a fronte di una realtà che è, a dir poco, inconsistente!

Non è successo niente!

Se la stessa cosa fosse stata *svelata* all'amico/amica cosa sarebbe cambiato?

Niente!

Probabilmente ne sarebbe venuto a conoscenza attraverso una metodica diversa, ma testata nei secoli, attraverso la forma del *consiglio amicale,* "guarda che...!"

La *gestione della risposta* è la tappa più importante per dirimere questo genere di problematica:

trasformare il sentimento ferito in una rivelazione che si desiderava fare ma non se ne aveva il coraggio è la mossa vincente perché lo svelamento diventi il nuovo trait d'union della coppia.

La persona a cui *veramente* si voleva *dire* non era un anonimo sconosciuto ma proprio il/la partner con cui si è condiviso fin a quel momento il proprio cammino.

Internet è un *amico/nemico* da usare con molta sapienza e circospezione: come nella vita reale, non tutto ciò che si dice è vero; ma, a differenza di quanto avviene nella vita reale, in internet neanche i cinque sensi ci possono dare una mano a percepire quello che si nasconde dietro le parole.

Attenzione, dunque...

Caso Clinico 4

S.M. è una signora di quarantadue anni, che dice subito di essere molto delusa dalla vita anche se non ha perso "la voglia e l'entusiasmo di fare cose diverse"; è sposata da poco più di vent'anni con un uomo che è ancora molto innamorato di lei ma, verso il quale, lei da tantissimo tempo non prova assolutamente più niente.

La loro unione è "stata tenuta insieme" dalla presenza di due figli maschi, "abbastanza grandi" (17 e 13 anni): ma ultimamente la convivenza è diventata insostenibile.

Da circa cinque anni S.M. quando torna a casa "si rifugia" nel suo computer: con lui fantastica di viaggi intorno al mondo, partecipazione a maxi manifestazioni canore, di cui la paziente è appassionatissima; non disdegna nemmeno di entrare nelle chat e scambiare qualche opinione.

Con una persona in particolare si è intrattenuta più che con le altre, rivelando le sue insoddisfazioni e la sua profonda infelicità.

Ne è nata una simpatia reciproca che, col passare del tempo, si è trasformata in passione: i due si sono scambiate parole molto "calienti", al punto da simulare un rapporto sessuale, talora anche un po' trasgressivo...

Il marito è parecchio geloso ma assolutamente negato per quanto riguarda l'uso del computer: ha chiesto perciò al figlio più grande di "curiosare nel computer di mamma" e son venute fuori quelle espressioni che, incautamente, non erano state cancellate.

Ovviamente è successo un putiferio, con accuse di tradimento da parte del marito e un qual certo disgusto da parte del figlio: inutili le proteste di S.M. che si è trattato "solo di una esercitazione mediatica senza niente di concreto".

L'infelicità di S.M. è notevolmente aumentata, senza possibilità alcuna di vedere vie d'uscita: a questo punto la paziente si rivolge al sottoscritto per vedere se si può trovare una soluzione che, per lei, non esiste:

"Una soluzione c'è sempre!" è la prima affermazione che lascia interdetta la paziente.

Nel corso delle prime due sedute viene messa a fuoco la sua vita fino a quel punto, giungendo alle seguenti conclusioni:

l'unione col marito non ha più niente da offrire a meno che non cambi radicalmente il modo reciproco di rapportarsi: ma, a questo punto, a lei questo proprio non interessa per niente perché non è più innamorata di lui;

che sia o meno avvenuto realmente il tradimento, sotto il punto di vista prettamente relazionale, non cambia nulla: l'amore non c'è più e la solitudine non può essere la soluzione per un soggetto che sente ancora dentro di sé la voglia di scoprire e sperimentare;

il rapporto con i due figli, schierati apertamente dalla parte del padre, va assolutamente recuperato: la moglie è una figura, la madre tutta un'altra.

È necessario riprendere il dialogo con i due figli e parlare, parlare, parlare…

È altresì opportuno comunicare al marito l'intenzione di separare le loro strade…

S.M. parla sia con i figli che con il coniuge e comunica le sue decisioni; la situazione si inverte:

il marito è "disposto a perdonare a patto che tutto torni come prima"!

Il problema è che proprio il far tornare tutto come prima è quanto S.M. non vuole; non fa recriminazioni nei suoi confronti, non lo accusa di niente di particolare: semplicemente non lo ama più!

La sua compagnia più che noiosa è insopportabile: per anni quell'uomo non ha capito che lei aveva esigenze diverse e, purtroppo, continua a non capirle…

S.M. si è rivolta a un legale e ha iniziato le pratiche per una separazione, se possibile, consensuale…

Commento al caso clinico:

Nel caso sopra trattato il computer non ha "commesso nessun reato": è stato soltanto la voce del malessere, dei desideri sopiti ma non scomparsi, dell'aspirazione a rifarsi una vita, della voglia di continuare a sognare.

La paziente continua a frequentare le sedute e le è stato proposto di invitare anche il marito a presentarsi in studio per "la gestione del disagio", affinché, da parte di tutti, si ricerchi una strada che faccia soffrire il meno possibile i soggetti interessati.

Proprio in questi giorni mi è pervenuto l'assenso del marito.

FEDELE ... PER PIGRIZIA!

Tempo fa mi era capitato in studio un signore sui cinquant'anni, il quale mi aveva chiesto un "colloquio unico" per dirimere dei dubbi che gli stavano provocando una fastidiosa forma di insonnia.

Avevo provato a spiegargli le mie modalità di lavoro: un primo colloquio "informale", nel corso del quale venivo informato in maniera più o meno approfondita della problematica del paziente, con le reciproche conseguenti riflessioni sul fatto che ognuno dei due potesse andare bene all'altro.

In caso di reciproco gradimento, era il sottoscritto che impostava un certo tipo di psicoterapia su un numero programmato di colloqui.

Il paziente insiste nel sostenere di non aver alcuna patologia né sessuale né di alcun altro tipo, ma di voler solo chiarire dei suoi personali dubbi, che gli stanno creando degli strani sensi di colpa, con conseguente insonnia.

Un paziente aveva disdettato l'appuntamento di quel giorno, per cui decido di ascoltare la problematica del signore cinquantenne.

Arriva puntualissimo in studio, molto elegante e, soprattutto, molto tranquillo.

Gli chiedo di espormi il suo caso:

mi racconta che è un professionista affermato nel suo campo, è un ingegnere che si occupa di telefonia e apparecchiature elettroniche in generale: la sua attività lo soddisfa molto e lo costringe a viaggiare spesso all'estero, anche in paesi lontani.

È sposato da venti anni e ha un figlio che deve sostenere l'esame di maturità, per poi avviarsi sulle orme paterne.

Il menage familiare non ha mai subito scosse e la vita sessuale è regolare.

Gli chiedo in cosa consista la regolarità.

Fa sesso una volta al mese, più o meno sempre allo stesso giorno del mese, salvo causa di forza maggiore.

Chiedo il perché di quel giorno specifico, mi pare di ricordare il venti di ogni mese.

"Così sono sicuro di ricordarmelo!" - la scarna risposta.

A me sembra abbastanza originale che abbia bisogno di ricordarsene: non gli viene naturale voler stare in intimità con la sua compagna, magari anche un po' più di una volta al mese?

Risposta:

-"Per carità! Faccio il mio dovere di uomo, ma gli straordinari non potrei proprio sopportarli! È una tale monotonia...!"

Domando se la sua compagna sia contenta di questa routine e lui risponde tranquillamente che, se dipendesse da lei, farebbe a meno volentieri anche di quella sola volta al mese!

Sorge il sospetto che ci sia nascosto da qualche parte qualche amore clandestino per ognuno dei due: per quanto riguarda la moglie, nega decisamente:

"Assolutamente impossibile! Voleva farsi suora!"

E per quanto riguarda lui?

Ed ecco il suo dubbio, finalmente!

Pare che di occasioni per una vita sessuale molto più interessante ne abbia avute, non una ma davvero in grande quantità: donne gradevoli, o simpatiche, o attraenti, di tutti i tipi, insomma!

Magari paura di far brutta figura, tipo ansia da prestazione?

Lo nega!

"In cosa consiste il suo dubbio?" - chiedo perché avrei esaurito la scorta delle possibili ipotesi.

Mi racconta di essere sempre stato molto pigro: detesta i cambiamenti di status e, soprattutto, le novità!

Gli chiedo di essere più preciso, perché, onestamente, non ho capito niente!

In almeno un paio di occasioni, prosegue il suo racconto, sarebbe stato sul punto di cedere alle lusinghe di due donne, molto attraenti e anche innamorate di lui; quando però si è arrivati al punto di concludere, si è dato letteralmente alla fuga: è partito senza nemmeno dare una spiegazione!

Senso di colpa nei confronti della moglie?

-"Ma va! Lei passa da una Chiesa all'altra e le va bene così! Senso di colpa nei confronti della donna di turno abbandonata!"

Mi spiega che è la sua pigrizia a spingerlo alla fuga!

Dovrebbe cominciare a inventarsi delle fandonie da raccontare comunque in famiglia; rischierebbe forse di perdere il rispetto del figlio, anche se in un paio di occasioni lo stesso figlio avrebbe detto che non ci avrebbe trovato niente di strano se avesse saputo di una sua scappatella extra coniugale, essendo la madre così "spirituale"; poi dovrebbe mettere in piedi un qualcosa per gestire la nuova relazione: troppa fatica, gli veniva mal di testa al solo pensarci!

-"Io sono fedele per pigrizia!" - mi confessa - "Però non riesco più a sopportare il peso della sofferenza della donna, che aveva fatto dei progetti su una nostra relazione: mi sento non un vigliacco, perché non fuggo per paura, ma un imbecille perché scappo per non dover mettere in piedi tutta una scenografia, che costa tempo e fatica!"

Il suo amore, anzi, i suoi amori, si fermano tutti nella fase nascente, con una puntatina nella fase Rilevante: oltre non riescono ad andare!

Gli chiedo cosa si aspetta che gli possa dire: non posso certo spingerlo a fare o non fare qualcosa che lui per primo non si sente di voler intraprendere!

Ma, soprattutto, perché è venuto a consultare uno psicoterapeuta proprio adesso: c'è forse qualcosa di nuovo all'orizzonte?

Mi rivela che affettivamente c'è una donna che "si è accorta" di lui e anche lui nutre una gran simpatia nei suoi confronti: ma la sindrome di fuga ha già fatto capolino e gli mostra tutti gli impegni che sarebbe chiamato a sopportare se si fosse spinto "oltre".

L'unico consiglio che mi son sentito di dargli è stato di lasciar parlare il suo cuore e di vivere la storia "hic et nunc", qui e ora, ignorando del tutto il domani.

Mi ha telefonato dopo due mesi per ringraziarmi: si era separato dalla moglie, che tanto suora non doveva poi sentirsi perché aveva da tempo anche lei una relazione extra coniugale non si sa quanto platonica con un uomo anche lui molto pio; ora vive felicemente con una nuova compagna.

Non sono sicuramente poche le persone che vivono molto male il loro rapporto di coppia e tuttavia non trovano in se stesse la forza o la voglia di mettersi in gioco di nuovo, per intraprendere una nuova relazione sentimentale.

Solo due pazienti si sono rivolte "ufficialmente" al sottoscritto per sottopormi questo loro problema, ma tantissimi altri me ne hanno accennato pur senza venire in terapia.

Ritengo una forzatura da parte del terapeuta spingere tali pazienti a prendere una decisione in un senso piuttosto che in un'altra: la decisione deve essere sempre e solo del paziente.

Dovere del terapeuta, però, è lasciar sempre intravedere una via di uscita da una situazione, che è comunque di sofferenza: la speranza deve sempre essere presente e apparire come quella lucina che si intravede appena, in fondo al tunnel.

Sarà poi il paziente a decidere se è il caso di percorrerlo!

LE RESPONSABILITA'

Da quanto esposto fin qui, si dovrebbe evincere che, alla classica domanda:
-"Vorrei sapere di chi è la colpa?"
si dovrebbe rispondere, con la massima semplicità:
-"Di nessuno!"
Prima di questa, però, ci si dovrebbe porre un'altra domanda:
-"Ma qual è la colpa?".
Infatti prima andrebbe definito il "tipo di reato", dopo andrà identificato l'eventuale colpevole, cioè il *portatore della colpa.*
E ancora: chi è autorizzato a individuare e a circoscrivere ciò che è una *colpa?*
Chi, cioè, deve essere individuato come *Qualificato Ricercatore di ciò che può essere individuata come "Colpa"?*
E ancora: è una colpa rispetto a che cosa, che invece colpa non è?
Gli scenari che si potrebbero aprire sono infiniti.
La *Società* e la *Morale* sono i maggiori "indiziati" per quanto riguarda "I *Ricercatori*" di una eventuale colpa, ma difficilmente vanno sempre d'accordo!
La *Società* tende a bollare come *"reato"* tutto ciò che la mia libertà d'azione produce ai danni di qualcun altro al fine di ricavarne un *vantaggio illecito,* materiale o morale che sia.
La *Società,* attraverso un suo strumento che è rappresentato dai *Codici,* Civile e Penale con rispettive

Procedure, bolla la mancanza di *Fedeltà nel Matrimonio* come colpa e di conseguenza condanna il/la fedifraga.

Gli stessi *Codici,* poi, autorizzano la separazione e il divorzio!

È vero che non sempre separazione e divorzio sono preceduti da una nuova relazione sentimentale:

ma qual è la differenza se questa nasce prima o dopo?

Se nasce prima, probabilmente c'è più spontaneità e meno calcolo, si potrebbe ipotizzare: quindi c'è più sentimento; se nasce dopo c'è sicuramente più paura e più senso di rivalsa nei confronti dell'altro/altra: c'è più razionalità e spesso tanta rabbia!

La *Morale,* religiosa o laica che sia, è il secondo elemento di colpevolizzazione:

non credo ci sia una sola *Religione* su tutto il Globo che non bolli la *relazione extra coniugale* come un qualcosa di assolutamente disdicevole, al punto da condannarla addirittura con la pena di morte, inferta spesso in maniera assolutamente disumana!

Perché?

Per quale motivo i sentimenti hanno una valenza diversa se si manifestano "dopo" piuttosto che "prima" della ufficializzazione di un matrimonio, civile o religioso che sia?

Dopo il matrimonio si smette di amare o meglio, non è più lecito amare?

E questo chi lo ha deciso? E in base a quale normativa di quale legge della natura?

I *sentimenti,* le *sensazioni,* le *emozioni* non sono oggetto di una stato decisionale sulla base di una qual certa sequela di ragionamenti: si provano e basta!

C'è chi si sente di soffocarli, nel rispetto della sua *Morale condivisa*: ne porterà le conseguenze nei suoi comportamenti e nei suoi stati d'animo, sotto forma di disagio, di insofferenza, di rabbia, di infelicità per tutto il resto della sua vita;

se questa è la sua scelta va rispettata.

Il fatto che "altri" non condividano questa scelta non può, per questo, essere bollata come colpa:

è semplicemente una legittima scelta differente!

Se altri, infatti, non si sentono affatto di soffocarli, non per questo devono essere additati come reprobi o peccatori: ci vuol più fegato a portare avanti una storia d'amore in cui si crede, pur con tutti i sotterfugi e le ricadute sociali o economiche che potrebbero derivarne, piuttosto che rinunziare a se stessi, all'altro/altra e a tutta la ricchezza di emozioni che scaturiscono dalla storia.

La conclusione è che, a nostro avviso, *non possono essere individuati dei responsabili, perché non si riesce a individuare una colpa: succede, può succedere e bisogna solo prenderne atto!*

E.... GLI ALTRI ?

Ma cosa succede agli altri?

Proprio perché non siamo "monadi", chiuse a tutto il resto del Mondo, ma al contrario siamo in continua relazione con un gran numero di persone, i nostri comportamenti non possono non avere delle ricadute di notevole rilevanza sulle persone vicine ai protagonisti della relazione extra coniugale: il coniuge, i figli, i parenti, gli amici.

Parliamo prima di tutto dei figli, poi dei parenti più o meno stretti e infine degli amici.

I primi a risentire di un cambio di rotta nell'ambito familiare sono innanzitutto i figli, a prescindere dall'età: immediatamente avvertono in casa l'atmosfera, che "non è più quella di prima".

Papà e mamma, anche se non litigano, "non si guardano": c'è qualcosa di grave che non va!

Verranno abbandonati?

Questa è una delle due paure ancestrali dell'essere umano appena nato: una è, appunto, l'essere abbandonato e quindi non trovarsi più accanto la "figura di riferimento" o il "porto sicuro", come spesso lo si vuol chiamare, l'altra è la paura di morire di fame.

Inoltre, per i figli, il papà e la mamma non sono un uomo e una donna: sono il papà e la mamma, cioè qualcosa di completamente diverso da tutto il resto dell'umanità: e questa certezza non è legata soltanto ai primi anni di vita, ma si trascina a lungo nel tempo: i genitori sono asessuati!

Taluni genitori, che credono di essere "nature" e si comportano nella loro intimità senza prendere alcuna precauzione né visiva né uditiva nei confronti della prole, se sapessero in anticipo quale trauma psicologico subiscono "i loro piccoli", a prescindere dall'età, starebbero molto ma molto più attenti: non tutto quello che è naturale può, solo per questo, essere liberamente imposto.

Andare in bagno è un fatto naturale e accettato da tutti: ma non per questo, quando qualcosa scappa, ci si abbassa i pantaloni ovunque ci si trova e... chi si è visto si è visto!

Se i genitori, di comune accordo... o pressappoco, decidono di separarsi perché o non vanno più d'accordo o non si amano più o non si sopportano più, a prescindere dalla presenza di un'altra persona tra di loro, già i figli sono mentalmente critici perché, nel loro immaginario, i genitori stanno insieme in quanto esistono loro, i figli appunto!

La prima domanda, infatti, sottintesa o esplicitata che sia, è:

-"E noi....?"

Se poi un genitore intrattiene una relazione extra, il mondo, letteralmente, piomba addosso ai figli!

-"Che schifo...!" è il loro pensiero, difficilmente espresso a chiare lettere.

Tutto nasce dal rifiuto della sessualità dei genitori, comunque e dovunque rivolta.

Il lavoro dello psicoterapeuta non può essere quello di far accettare questo tipo di sessualità:

sarebbe una battaglia persa in partenza!

Papà è San Giuseppe e mamma è la Madonna: da una vita ci hanno insegnato che nessuno di questi due personaggi, pilastri di un certo tipo di storia, ha fatto niente per avere Gesù!

Un po' di confusione può nascere anche da questi convincimenti religiosi, che poi vengono artificiosamente applicati a una realtà che è tutta terrena.

I figli nascono, il più delle volte, da un atto d'amore ma sempre nascono da un atto sessuale:

questa è la realtà, che piaccia o meno!

Il difficile lavoro del terapeuta è quello di far accettare ai figli due concetti fondamentali:

    1) papà e mamma sono una cosa, marito e moglie sono tutta un'altra cosa

    2) papà e mamma sono un uomo e una donna

Detto così sembra tutto facile: ma, come tutte le cose estremamente elementari, sono davvero molto difficili da spiegare.

Più facile, ma non scontato, è far capire ai figli che se due genitori tra loro hanno smesso di amarsi, nulla invece cambierà nei loro confronti: cioè non smetteranno mai di essere il loro papà e la loro mamma e, soprattutto, non smetteranno mai di amarli come li hanno amati fino a quel momento.

È un atto di fede ma la speranza non deve mai venire meno!

La gestione del malessere è il vero compito del terapeuta: abbassare il livello di sofferenza e alzare il livello di tolleranza.

Il problema si complica in maniera esponenziale quando esiste l'altro/altra:

l'altro/altra è il ladro che ha sottratto l'amore per i figli.

L'altro coniuge, in questo frangente, ha un ruolo primario: già arrabbiato di suo, difficilmente riesce a gestire la rabbia dei figli: spesso, purtroppo, la usa per ricattare o vendicarsi del vero o presunto torto subito.

Se pure prova a giustificare o spiegare alcunché rischia di fare la figura del cretino o del debole:

se a lui può andar bene, si fa per dire, quella situazione, ai figli non sta bene proprio per niente!

Il loro giudizio è sempre inappellabile e raramente il trascorrere degli anni modifica il loro atteggiamento nei confronti del trasgressore.

Capita spessissimo che anche in caso di vedovanza, l'improvvisa presenza di un nuovo personaggio nella vita del sopravvissuto venga interpretata come un tradimento del genitore defunto!

La storia è sempre la stessa: la paura di perdere "una fetta d'amore" che da loro viene trasferita all'intruso/intrusa di turno!

Meno problematico è l'atteggiamento di altri familiari, quali genitori, suoceri fratelli o sorelle. Difficilmente vengono convocati in seduta perché, in ogni caso, non è un loro problema e la cosa più opportuna, da parte loro, sarebbe di fare parecchi passi indietro!

Gli amici: c'entrano poco e c'entrano tanto!

La loro presenza in seduta è sempre fuori discussione.

La loro influenza sugli interessati è sempre in discussione!

Difficilmente consigliano; il più delle volte giudicano; quasi sempre offendono.

Il loro ruolo dovrebbe essere di sostegno, di ascolto ma niente di più!

Nessuna valutazione su chi se n'è andato o sta per andarsene: l'interessato ha già le idee sufficientemente confuse!

Capita il più delle volte che l'interessato/interessata, per non sentirsi insultato o giudicato, non frequenti più nessuno proprio nel momento in cui avrebbe necessità e piacere di sentirsi qualcuno in parte:

e così la sua solitudine aumenta in maniera insopportabile…

Caso clinico 5

Vengono da qualche tempo in seduta due coniugi che hanno deciso di separarsi consensualmente dopo diciotto anni di matrimonio.

Il marito si sente ancora molto legato alla moglie, che invece considera finita, perché esaurita, la loro unione: per lui dichiara di non provare più niente da tanto tempo, circa cinque anni.

Hanno due figli maschi di diciassette e quattordici anni che vivono molto male l'evento.

Ciò, purtroppo, che ha fatto precipitare la situazione è stata la scoperta, da parte del figlio maggiore che per motivi di opportunità chiameremo M.A. di un certo numero di sms scoperti sul cellulare della madre, sia in entrata che in uscita, in cui si parlava esplicitamente di pratiche sessuali con un presunto amante.

La richiesta della signora al marito di separarsi è di gran lunga antecedente all'esistenza di questa presunta relazione extra coniugale, che comunque parrebbe avere più i connotati di un'avventura sessuale che non quella di una "storia" d'amore.

La signora, infatti, nega detta relazione anche se ammette di conoscere il soggetto con cui scambia i messaggi: il tutto comunque si ridurrebbe ad un gioco, piuttosto spinto, ma niente di più.

M.A. è molto arrabbiato e non solo con la madre; litiga col padre, è giunto a definirlo, con termine depurato, uno stupido, e vorrebbe che la madre venisse "buttata fuori di casa".

Il padre ha dovuto inseguirlo per strada per evitare scenate al presunto amante, che comunque, appena avuto sentore del terremoto, ha comunicato alla signora che era meglio "smettere di giocare" tanto tra di loro c'era solo un'attrazione sessuale che navigava via etere.

Il marito, indirettamente, è a conoscenza di questa decisione e sarebbe anche disponibile "a ricominciare tutto da capo come prima": il problema è che proprio questo "tutto da capo come prima" è, ancora una volta, proprio quanto la signora non desidera.

Decido di convocare i figli in studio perché se la situazione in casa è così tesa, in parte è anche "per colpa" loro: i due ragazzi si presentano con l'accordo di entrambi i genitori e, soprattutto, con il loro accordo.

Preferisco riceverli singolarmente con l'intesa che in qualsiasi momento possono chiamare l'uno o l'altro dei due genitori che sono nella stanza attigua: nessuno dei due si avvarrà di questa possibilità.

M.A. entra subito in argomento senza tanti preamboli: per lui la madre è una poco di buono e il padre è un debole per di più imbecille perché si illude ancora…

-"Si illude di cosa…?" - chiedo.

Il ragazzo mi guarda perplesso senza parlare.

Gli spiego subito che c'è una differenza sostanziale tra noi due: lui da tutto per scontato e deciso, io non do niente per scontato e deciso, per cui insisto:

-"Si illude di cosa?"

-"Che lei torni con lui…"

-"Ma 'Lei' non è ancora andata via da 'Lui': la partita mi sembra ancora tutta da giocare".

-"Lei ha già deciso tutto…"

-"Tutto… Cosa…Esattamente?"

Il ragazzo mi guarda perplesso e anche infastidito: credo si senta preso in giro, per cui non aspetto la sua risposta:

-"Non hai l'impressione che sia tu ad aver deciso già tutto, presumendo di aver capito cose che, perdona la mia franchezza, sicuramente riguardano anche te, ma non soltanto te? Hai ascoltato il parere di tuo padre, di tua madre e di tuo fratello? Scusami ancora se te lo chiedo, ma per qual motivo il tuo parere, pur importante, dovrebbe avere una valenza maggiore, e di tanto, rispetto a quello di tutti gli altri?"

-"Mia madre ha tradito tutti…"

-"No!"

Il mio monosillabo lo colpisce più che uno schiaffo: resto in silenzio per un lungo momento perché si riprenda dallo stupore.

-"Allora non hai capito niente…" mi fa, quasi al limite di una crisi di rabbia.

-"Io ammetto di aver capito poco… Ma chi non ha capito niente sei tu, mi spiace dovertelo dire.

Secondo te, in tutta questa storia, i sentimenti contano qualcosa… Si o no?"

Il mio tono è volutamente calmo ma deciso: il ragazzo si aspettava di essere consolato e invece si sente attaccato: ma non scappa perché quello che crede di avere in mente è per lui molto difficile da sopportare.

78

-"Tuo papà è profondamente innamorato di tua madre e farebbe di tutto e di più per recuperare il rapporto con sua moglie: tu in questo vedi solo debolezza e stupidità.

Quindi chi ama è stupido!

E allora tu sei più stupido di tutti: il tuo amore per tua madre è talmente tanto che non sopporti di perderne nemmeno un pezzettino! L'idea ti fa soffrire al punto che l'unica soluzione che tu vedi è perderlo del tutto!

Ma questo non è possibile!

Come fai a scardinare un sentimento?

Non è mica un mattone che puoi, sia pure a fatica, scardinare da un muro: fa parte di te, è dentro di te; così come l'amore di tua madre nei confronti tuoi e di tuo fratello fa parte di lei: non potrà mai smettere di essere vostra madre, non potrà mai smettere di amarvi.

È così ostico da capire tutto questo?"

Il ragazzo comincia a piangere, anche se vorrebbe scomparire sotto terra piuttosto che farsi veder in quello stato: ma è un pianto soffocato da troppo tempo.

-"Piangi, scioccone, piangi pure e piantala di credere che tutto il sapere del Mondo è nelle tue mani:

quanto a me più passa il tempo e meno ci capisco! Però ci provo!

Ed è quello che chiedo a te: prova a capire! Non dare niente per scontato!

Vivere è sempre un mistero e un rischio: bisogna mettersi in gioco per sapere cosa c'è dietro l'angolo.

Non si può sempre fingere che l'angolo non c'è!

Ce ne sono e ce ne saranno sempre: ed è proprio questo il bello della vita, malgrado tutto!"

Mi sono avvicinato a lui e subito mi ha abbracciato:

"Grazie!" - ha saputo dire solo questo

-"Non devi ringraziarmi... e soprattutto non è me che devi abbracciare! Se posso permettermi di darti un consiglio, appena esci fuori abbraccia tutti e due i tuoi genitori: ti amano tutti e due!"

E così M. A. ha fatto.

Le sedute continuano e, finora, la signora non ha cambiato idea: ma non è assolutamente mio compito interferire per farle avere un'idea diversa!

IL TRIANGOLO DELL'AFFETIVITA'

A questo punto è opportuno introdurre il concetto di *"Triangolo dell'Affettività"*: di cosa si tratta?

Di "triangolo" si è sempre parlato dalla notte dei tempi: lui – lei – l'altro/altra.

Ma non è di questo che si tratta.

Consideriamo l'apice di una figura geometrica, che più tardi verrà definita nei suoi contorni:

all'apice poniamo la persona da cui ha origine la relazione extra, che chiameremo "A";

sotto e spostato a sinistra poniamo il partner "ufficiale", che chiameremo "B";

ancora sotto, ma questa volta spostato a destra poniamo il "partner" nuovo, che chiameremo "C" (figura 1)

Si è formato un triangolo... senza lati: come li disegneremo questi lati?

Chiediamo ad "A", su una scala da 0 a 10 quanto affetto prova per "B", quanto affetto prova per "C" e quanto affetto, sulla stessa scala, pensa che provino rispettivamente "B" e "C" nei suoi confronti: ci sarà, supponiamo, una freccia lunga tre centimetri che da "A" va verso "B"; una di quattro centimetri che sempre da "A" va verso "C"; una, ipotizziamo, di quattro centimetri che da "B" va verso "A" ed infine una di cinque centimetri va da "C" verso "A": se sommiamo i valori, vedremo che il lato AC è più lungo del lato AB: quindi questa figura geometrica, per ora aperta in basso, è sbilanciata verso "C".

Maggiore è questo sbilanciamento, maggiore è la forza della relazione extra!

Che relazione ci potrà mai essere tra "B" e "C"?

Non sempre "B" sa di "C", ma sempre o quasi sempre "C" sa di "B": l'antipatia, per non chiamarlo astio o odio, misurato su una scala da 0 a 10 che da C va a B e, eventualmente, da B va verso C rappresenta l'ultimo lato del triangolo (figura 2)

L'equilibrio perfetto è rappresentato dal triangolo equilatero: in pratica non c'è conflitto.

Se al punto C, invece dell'altro/a, mettiamo un figlio o una suocera possiamo ritrovare questo tipo di figura geometrica: infatti il *Triangolo dell'Affettività* non vale solo per il nuovo partner ma per qualsiasi persona che si introduca nella coppia in maniera importante e significativa, comportando dei cambiamenti significativi rispetto a "prima" che si formasse la coppia.

Il triangolo equilatero, nella relazione extra coniugale, sta a rappresentare un rapporto poco passionale e, talora, poco affettivo tra almeno due dei componenti: è poco più dell'*avventura*, in cui il lato maggiore resta AB rispetto ad AC: ci si vuol *divertire senza cambiare niente!* (figura 3)

Può anche capitare che "A" sia equidistante da "B" e da "C", dando vita ad un triangolo isoscele: difficile, in questo caso, che ci siano abbandoni clamorosi da parte di "A"; continuerà il suo trantran quotidiano oscillando un po' da una parte un po' dall'altra senza scelte radicali.

Si tratta di una relazione che ha, sì, modificato la situazione precedente, dando un nuovo significato alla propria passionalità e ai propri sentimenti, ma senza interrompere radicalmente tutto ciò che c'era prima (figura 4).

Se però il triangolo è decisamente scaleno, cioè il lato AC è molto più lungo del lato AB, c'è da aspettarsi una scelta radicale con l'inevitabile rottura del rapporto tra "A" e "B" (figura 5).

Proviamo a costruire questi triangoli!

TRIANGOLO DELLA AFFETTIVITA'

PRIMO PASSO

INDIVIDUAZIONE DEI TRE PUNTI
(cioè dei tre personaggi in gioco)

A
°

B °   ° C

(figura 1)

SECONDO PASSO

GRADO DI AFFETTIVITA' SU SCALA 1/10

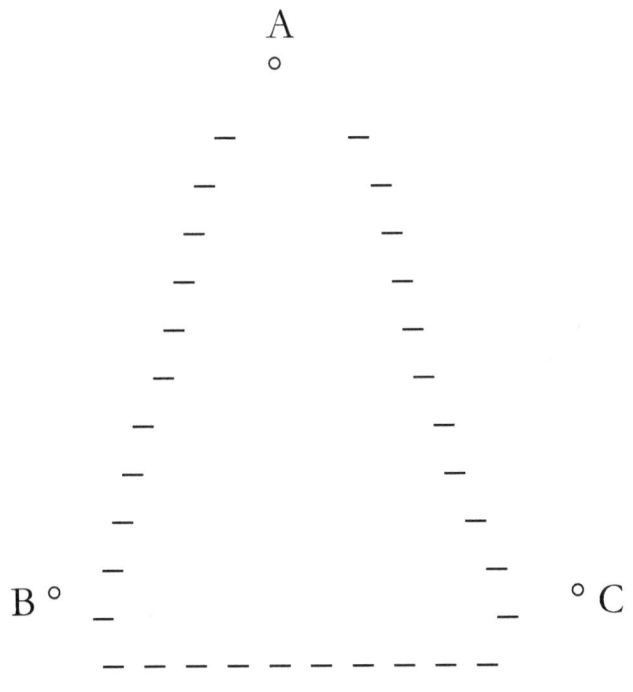

(figura 2)

TERZO PASSO

COSTRUZIONE DEL TRIANGOLO

I° TIPO

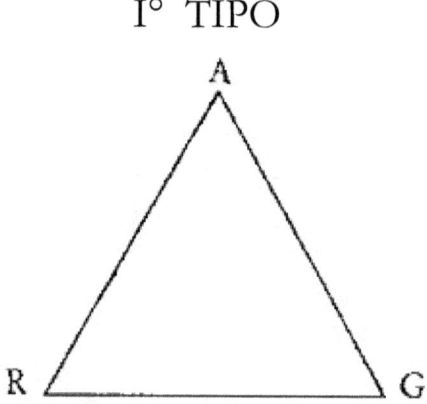

TRIANGOLO EQUILATERO

indica perfetto equilibrio tra le tre componenti del triangolo per cui, al momento della costruzione dello stesso, non ci sono elementi che indichino segni di prossima rottura di un rapporto

(figura-3)

II° TIPO

A

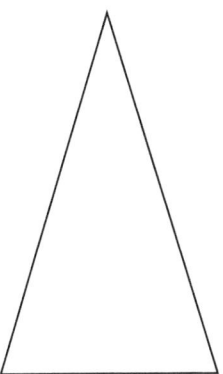

B   C
TRIANGOLO ISOSCELE

Indica che qualcosa è mutato nell'ambito della coppia e che c'è un turbamento, ma niente di più! Non appaiono elementi di importanza tale da portare a rotture traumatiche perché in realtà la situazione sta bene così a tutti, o quasi a tutti, e nessuno vuole cambiare lo status quo ante.
NB: Il lato breve è BC ed i due lati uguali sono AC ed AB; il portatore del disagio è sempre A

(figura 4)

III° TIPO

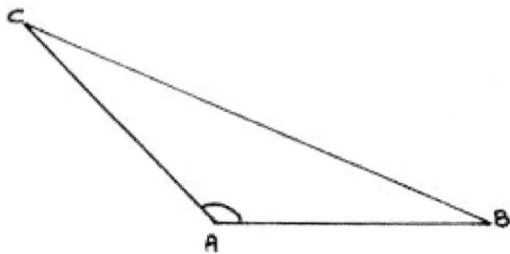

TRIANGOLO SCALENO

L'equilibrio è completamente sconvolto e non ci sono elementi che indichino la possibilità di un ritorno allo status quo ante. Il rapporto iniziale è ad altissimo rischio di rottura!

(figura 5)

È GIUSTO CHE CIO' ACCADA?

Ancora una volta si ribadisce che vestire i panni del *giudice* e quindi *giudicare* una situazione del genere è cosa diversa che valutare le azioni di un assassino o di un ladro o di un truffatore:

in questi ultimi c'è la *volontarietà* di commettere il reato, cioè di recare volontariamente un danno a un terzo al fine di ricavarne un vantaggio personale, *razionalizzando "prima"* i passi da compiere e, quindi, perfezionando il *"piano"*.

Nella relazione extra coniugale non esiste né *premeditazione* né *piano: succede e basta!*

Inoltre la finalità dell'azione non è quella di recare un danno ad altri, cosa che provocherebbe il vantaggio; al contrario, meno danno si reca all'altro/a e più vantaggio personale c'è!

Nella relazione extra non c'è nulla da prevenire e non esiste sistema idoneo a evitare incontri, sguardi, pensieri, sensazioni ed emozioni: è un sistema a cascata, nel senso che quando si mette in moto, non c'è forza che possa sbarrargli il passo!

Sarebbe come voler fermare una valanga mettendosi tutti, l'uno accanto all'altro, con le braccia protese in avanti: chi non considererebbe questo comportamento folle o stolto o inutile?

È quindi lecito far soffrire tutti gli altri?

Purtroppo non c'è risposta a questa domanda.

Un quesito più appropriato potrebbe essere: è più giusto soffrire o far soffrire?

Oppure:

È più accettabile rinunciare o far rinunciare?

Oppure:

È più accettabile fingere o ingannare?

Di domande simili ne possiamo trovare e inventare quante ne vogliamo, però sono tutte domande che hanno un comun denominatore: vengono tutte poste DOPO!

Dopo che l'incontro è avvenuto, dopo che sotto il profilo relazionale ci si è conosciuti, dopo che si è fatta la scoperta esaltante dell'innamoramento comune, dopo che è nata la complicità!

Soprattutto dopo la domanda: È giusto amare a prescindere…?

Ancora una volta non c'è una risposta univoca: non ci sono certezze che possano andare bene per tutti.

Di una sola cosa siamo certi: non c'è nessun "*Amore*", lecito o illecito, regolare o irregolare, coniugale o extraconiugale, che accanto a tanta ricchezza di emozioni e di esperienze, non si trascini dietro anche un gran carico di sofferenze, equamente distribuite tra protagonisti, attori non protagonisti e semplici spettatori.

Caso Clinico 6

A.C. è una donna si 37 anni, sposata da dieci anni e con un figlio di otto anni; è giunta alla mia osservazione per un susseguirsi di attacchi di panico che le creano un tal malore esistenziale da farla giungere, talora, alla conclusione che "forse solo la morte le potrebbe risolvere il problema".

Nel corso dei colloqui, abbastanza drammatici quelli iniziali per l'intensità della sofferenza, è venuto fuori che gli attacchi di panico erano solo la punta di un iceberg, prova ne sia che si sono risolti abbastanza rapidamente, semplicemente invitando la paziente "ad esporsi", cioè ad affrontare le paure e le situazioni di presunto pericolo piuttosto che evitarle.

La diagnosi è stata di "Ansia Generalizzata in paziente anassertiva": cioè ogni situazione, anche la più banale, creava tutta una sequenza di "preoccupazioni" sulle quali il pensiero, cioè i ragionamenti, "si avvitavano" cioè si susseguivano e si ripetevano senza tregua e, soprattutto, senza trovare soluzione alcuna, dando origine a continui "Rimuginii": cioè il ripetersi nella mente, in continuazione, il problema senza però uscirne e senza nemmeno cercare una soluzione.

Il tutto veniva aggravato dalla "Anassertività", cioè dalla consuetudine della paziente di compiacere chiunque, al fine di trovare qualche "gratificazione da parte degli altri nei suoi confronti" che puntualmente non c'era, perché per "gli Altri" era diventato "normale" che fosse sempre disponibile; il tutto a discapito della propria capacità di sopportazione perché lei pensava che "dovesse" compiacere tutti, senza tenere in nessun conto la sofferenza personale che provava nell'affrontare "prove" richieste ma assolutamente non condivise.

Si è lavorato, di volta in volta, sulle "preoccupazioni", sui "rimuginii", sulla "anassertività" e sulle "doverizzazioni", finché la paziente non si è resa conto che, fino a quel momento non aveva vissuto la "sua vita" ma la vita che "Gli Altri" volevano fosse "così".

Ovviamente la lenta eliminazione delle "doverizzazioni" e l'altrettanto lenta impostazione della "Assertività", faccio quello che "IO" voglio e mi sento di fare e non "Tutto Quello che mi chiedono", ha fatto venir fuori al resto del mondo la classica espressione:

-"Non ti riconosco più!...."

-"Per fortuna...!" – è stato il commento del sottoscritto.

Arrivati a questo punto del trattamento, ci siamo imbattuti nel Triangolo dell'affettività:

la paziente ha perduto il padre circa dodici anni or sono e la madre, innamoratissima del marito, non è mai riuscita ad elaborare il suo lutto, come un po' tutta la famiglia in verità, per cui è diventata piuttosto assillante nei confronti della figlia;

telefonate continue durante il giorno, inviti tutti i giorni a pranzo o cena, auto invito in occasione di vacanze: il tutto sempre condito da una certa quantità di "ricatto affettivo" per cui i "no" alle sue richieste, nel corso degli anni, erano stati veramente pochi.

Ancora adesso il problema non è superato, per cui ho sottoposto la paziente alla prova del "Triangolo dell'Affettività".

Al vertice "A" c'è la paziente, all'angolo "B" ho posto il figlio ed all'angolo "C" la madre:

su una scala da 1 a 10, indicata appunto con 10 puntini, si indica l'affettività da A verso B e da B verso A; poi sulla stessa scala l'affettività di A verso C e di C verso A; infine, medesima scala, l'affettività di B verso C e di C verso B.

È venuto fuori un triangolo di questo genere:

il lato AB è uguale a 20; il lato AC è uguale a 13; il lato BC è uguale a 16, cioè un triangolo scaleno che prelude a una rottura, se non si interviene sul lato più debole, quello che coinvolge la paziente con la madre!

L'intrusività di quest'ultima sta logorando l'affettività, pur consistente e ancora presente: però il livello di rabbia si sta alzando e rischia di sfociare in un conflitto: è decisamente più conveniente dire qualche "no" in più, creando un momentaneo dispiacere gestibile, piuttosto che continuare sulla via dell'anassertività e sfociare in un conflitto che per l'altra, a questo punto, apparirebbe incomprensibile: "Ma perché ce l'ha su con me e in questo modo?"

Spiegare "prima" qualcosa, pur discutendo, perché dire no implica una sequela di contrasti, è sempre meglio che pervenire a una drastica rottura, con conseguenti sensi di colpa e incomprensioni reciproche.

La paziente decide di "provare" e, dopo i primi tentennamenti, si rende conto che "comunque non è successo niente di tragico": ora dice tranquillamente alla madre di farsi da parte quando vuole stare da sola col marito o preferisce trascorrere una seratina tranquilla in casa con marito e figlio.

SE NON C'È SESSO, C'È RELAZIONE EXTRACONIUGALE ?

Talora capita, anche se non è frequentissimo, che due persone, ognuna delle quali con moglie, marito o compagno/compagna alle spalle, si ritrovino a condividere un certo percorso della loro vita. ma, quando è il momento di entrare nell'intimità anche fisica, cioè di fare sesso, questo viene evitato.

Varie possono essere le situazioni che si presentano alla nostra attenzione; a questo punto è opportuna fare una premessa.

Tutte le "Relazioni" sono uguali o ci può essere una differenza tra una Relazione ed un'altra?

Sicuramente nessuna Relazione è uguale ad un'altra: ciononostante possiamo suddividere le Relazioni, e non solo quelle extra coniugali, in tre grandi gruppi:

L' Avventura

La Relazione

La Storia

Ciò che caratterizza "l'Avventura" è l'assoluta assenza di "Impegno", inteso anche come coinvolgimento, nonché la minima presenza di "Progettualità" o da

95

parte di entrambi i partner o da parte di almeno uno dei due: l'unico progetto è passare qualche ora insieme e poi ciascuno per la sua strada.

Si può stare insieme per una "gratificazione sessuale" oppure, più raramente, per una "gratificazione intellettuale" oppure semplicemente "per capriccio".

Nell'Avventura ci si può ritrovare, almeno nella fase iniziale, per i motivi più disparati: per curiosità, perché c'è l'abitudine "a provarci sempre e comunque", per scommessa con se stessi o con altri: il filo che unisce tutte queste situazioni è l'assoluta mancanza di coinvolgimento sentimentale;

può invece essere presente il coinvolgimento "emotivo"!

L'Emozione nasce dalle "Sensazioni", come abbiamo già detto: quello che cade sotto i nostri sensi ci può dare, sicuramente, uno stimolo emotivo e questo è sufficiente per portare avanti per qualche tempo questo tipo di situazione.

Quando anche questo stimolo vien meno, tutto si spegne e questo tipo di esperienza cessa di avere ogni forma di interesse:

entrambi o almeno uno dei due da e ha sempre dato per scontato che nulla cambierà della propria vita abituale.

Può però anche capitare che quanto consciamente iniziato senza alcuna finalità progettuale si possa trasformare in innamoramento, perché si resta invischiati in una serie di circostanze e soprattutto di emozioni impreviste che non nascono più soltanto dalle sensazioni, ma vengono fuori dai Sentimenti:

"Non vedo più solo il corpo ma la persona!"

In tal caso possiamo considerare il primo momento come la "Fase Nascente" della relazione extra coniugale di cui abbiamo parlato e quello successivo, cioè quella della consapevolezza di essere innamorati, come la "Fase Rivelante": niente di nuovo, quindi!

Qualcosa è cambiato:

l'Avventura si è trasformata in "Relazione"!

La "Relazione" è la situazione in cui non è coinvolto un solo parametro, sesso o intellettualità o curiosità o quant'altro, ma c'è un notevole coinvolgimento emotivo e razionale:

"Noi due siamo consapevoli di quello che ci sta succedendo"

"Noi due ci amiamo"

"Noi due pensiamo spesso l'uno all'altra".

Però c'è un "MA", a volte esplicitato a volte sottinteso, quasi sempre dato per scontato:

qual è questo "MA"?

In effetti le tre espressioni di cui sopra non sono esatte nel quadro della "Relazione" ma vanno così corrette:

"Noi due siamo consapevoli di quello che ci sta succedendo, ma…"

"Noi due ci amiamo, ma…"

"Noi due pensiamo spesso l'uno all'altra, ma…"

E, soprattutto, c'è l'espressione sempre presente tra i due anche se non esplicitata chiaramente:

"Noi sappiamo che "oltre" non si va!"

La "Relazione" è un Amore con dei "confini" perché i due protagonisti mettono dei paletti:

oltre un certo limite non ci si può spingere e non ci si "deve" spingere!

Questo vuol dire chiaramente che "prima" del loro amore vengono altri interessi che sono preminenti:

la famiglia, il lavoro, la religione, la casta sociale di appartenenza, l'età ed una miriade di altre motivazioni che ai "protagonisti" appaiono preponderanti.

La "Relazione" finisce quando uno dei due o entrambi si rendono conto che quel confine si sta drammaticamente avvicinando o sta addirittura per essere superato.

Ma si sa, a tavolino possiamo decidere una miriade di cose: non è affatto detto che debbano verificarsi così come noi le abbiamo programmate.

I nostri comportamenti contengono sempre due componenti: una razionale ed una emotiva;

dal loro equilibrio dipende la direzione che prenderanno le nostre azioni.

Se l'equilibrio si sposta bruscamente verso il lato dell'emotività ecco che la "Relazione" diventa "Storia", così come è possibile che quest'ultima nasca come tale fin dall'inizio.

La differenza tra "Storia" e "Relazione" è presto detta: l'Amore tra i due protagonisti è preminente rispetto a tutti gli altri interessi in gioco: i due vivono l'uno per l'altro, non possono fare a meno l'uno dell'altro, progettano continuamente e poco importa se i progetti appartengono più al mondo della fantasia che della realtà;

nel momento in cui vengono esplicitati, i progetti sono tutti reali sebbene irrealizzabili…

Si potrebbe obiettare che anche nella Storia ci sono dei paletti: vero!

La differenza, e non da poco, sta nel fatto che nella Relazione i paletti vengono posti dai due protagonisti, mentre nella Storia i paletti vengono imposti dall'esterno ai due partner: nella prima situazione i due decidono di troncare perché "majora premunt", cioè ci sono problematiche che gli stessi protagonisti ritengono più importanti rispetto al loro rapporto;

nella seconda, invece, i due protagonisti cercano di aggirare ogni ostacolo pur di andare avanti:

il loro amore è preminente sugli altri problemi insorti o già presenti, fin dall'inizio.

Torniamo al punto di partenza: senza sesso si può parlare di relazione extra coniugale?

Finora abbiamo visto sempre il contrario:

c'è solo sesso, e allora parliamo di Avventura che è una forma di relazione extra coniugale ridotta ai minimi termini: c'è sempre qualcuno che si pente sinceramente, anche se non è detto che ci debba essere per forza qualcuno/qualcuna che perdoni sicuramente;

c'è affettività e sessualità: ecco la Relazione; però se questa dovesse costringere a certe decisioni drastiche ecco che il rapporto viene a svanire, con o senza rimpianti perché ci sono problematiche più importanti di cui occuparsi!

Questa è chiaramente una relazione extra coniugale, a prescindere dalle riserve mentali dei protagonisti ed a prescindere, soprattutto, dal fatto se tali riserve saranno rispettate o meno;

la "Storia" non ha, evidentemente, bisogno di alcun commento: è la relazione extra coniugale per antonomasia, quella che mette a rischio la relazione precedente, quella che, comunque finisca, lascia dietro di sé mille ricordi e mille rimpianti.

Ma c'è ancora un'altra situazione di cui occuparsi:

il caso in cui c'è affettività, complicità e sostegno reciproco ma non c'è sesso: di cosa stiamo parlando?

Manca una componente importante, ma sono presenti tutte le altre: queste due persone sono o non sono "Amanti"?

La parola "amante" deriva dal latino "amans" e vuol dire, letteralmente, colui che ama nel presente:

i Romani non facevano una gran differenza se ci fosse o meno presente la sessualità:

"Amantes", cioè "amanti", sono due persone che si amano!

Due persone che si amano, al di fuori di una situazione stabilizzata dal Matrimonio o dalla Convivenza, hanno una relazione extra coniugale al pari di tutte le altre coppie che stanno insieme includendo "nel pacchetto" anche la sessualità.

Ma perché il Sesso viene escluso?

Anche qui ci troviamo di fronte a una miriade di situazioni tutte differenti l'una dall'altra:

cerchiamo, per semplicità, di raggrupparle.

Primo caso:

i due protagonisti sono entrambi consenzienti a non voler avere rapporti sessuali; siamo nella stessa situazione dei cosiddetti "matrimoni bianchi": se a tutti e due la faccenda va bene così, nessuno andrà a disturbarli e proseguiranno nella loro affettività in questa maniera per loro soddisfacente.

Secondo caso:

se uno dei due ha rapporti sessuali con la/il partner, diciamo così, ufficiale ma non riesce ad averne con il/la nuova partner allora deve semplicemente consultare un Sessuologo che gli indicherà la strada da seguire per uscir fuori da questo mal funzionamento, che sicuramente non è a livello fisiologico, visto che altrove funziona, ma a livello emotivo.

Terzo caso:

i due protagonisti funzionano bene con i rispettivi partner ufficiali e funzionerebbero anche tra loro due, se non fosse che uno dei due rifiuta l'approccio sessuale così non è "tradimento"!

Quest'ultimo caso è quello che a noi interessa nel nostro excursus.

Ancora una volta: se i due protagonisti proseguono bene nella loro storia anche così, nessuno mai e poi mai andrà loro a dire che devono "per forza" spingersi anche ad avere un rapporto sessuale.

Ma se i due o anche soltanto uno dei due soffre per questa situazione e la relazione entra nello stato di "disagio", è nostro compito intervenire per spiegare e far capire tutto quanto abbiamo cercato di chiarire in queste pagine.

In verità una "vittima", e non di poco conto, nella relazione extra coniugale senza sesso ci sarebbe:

è l'Intimità!

Difficilmente si raggiunge un'intesa, una complicità soddisfacente se manca questo importante elemento.

L'intimità affettiva o intellettuale, d'accordo, può fare a meno della sessualità: si parla di intesa, in tal caso più che di vera e propria intimità.

È vero, altresì, che l'intimità dei corpi favorisce l'intimità d'insieme tra due persone: anzi è spesso la molla che spinge ad aprirsi ed a raccontarsi senza veli e senza sotterfugi.

Pertanto una relazione extra coniugale senza sesso è sì da considerare come una relazione extraconiugale a tutti gli effetti, però monca in una parte molto importante:

manca quel coinvolgimento corporeo che non è fine a se stesso ma è invece propedeutico ad altre importanti scoperte che riguardano il "Noi" e, soprattutto, il "Noi Intimo".

Caso Clinico 7

M.S. è una giovane donna di trentasette anni, sposata da circa dieci e madre di due figli che adora.

Viene nel mio studio per un problema di salute di un suo familiare.

Quando sta per concludersi l'incontro mi chiede se può pormi una domanda, dal momento che ha letto in sala d'attesa che mi occupo di sessuologia.

Alla mia risposta affermativa, domanda:

-"Se una donna sposata si innamora di un altro uomo ma non fa sesso con questo, non "tradisce" il marito, vero?"

Posta così sembrerebbe una domanda retorica con risposta scontata!

Per prima cosa spiego alla signora che il termine "tradire" è sbagliato in quanto implica già di per sé un giudizio e una riprovazione; meglio parlare di "relazione extra coniugale", che rientra nel novero delle cose che possono accadere senza per forza dover essere soggetti a giudizi di chicchessia:

è prima di tutto un problema personale, in secondo luogo riguarda il nuovo partner e infine coinvolge il partner "ufficiale".

La donna mi guarda un po' perplessa e non sembra che la distinzione l'abbia convinta più di tanto.

Mi faccio raccontare a sommi capi la storia. Lei si considera una donna poco avvenente e lo stesso marito in parecchie occasione si è lamentato col destino che gli ha fatto incontrare una donna "brutta"; lei confessa di averlo sposato per interesse, senza amarlo, convinta che fosse benestante; poi ha scoperto che non lo era affatto.

Il marito è di bell'aspetto, abbastanza vanesio, corteggiato da parecchie donne e qualche storiella, sia pure di poco conto, l'ha avuta; per questo motivo lei si era molto arrabbiata al punto che per qualche mese era tornata nella casa paterna con il primo figlio; poi le cose si erano "accomodate" e aveva avuto un secondo figlio.

Anche sessualmente parlando non è molto soddisfatta del marito perché è "egoista" nel senso che si preoccupa ben poco della soddisfazione sessuale della moglie; per contro lei stessa non ha molto piacere di "dover" fare l'amore con lui, anzi, potendo, lo evita volentieri.

Rivela che il marito non l'ha mai vista nuda e non pare abbia intenzione di fargli vedere molto di più in futuro.

Da circa un anno frequenta, per motivi di lavoro, un uomo di una diecina d'anni più grande di lei, che ha cominciato a trattarla "in maniera molto garbata e con tanta gentilezza":

questa cosa l'ha molto stupita perché pare che, sia nel suo ambito familiare sia nel suo ambiente, i modi usuali siano abbastanza rudi.

In alcune circostanze in cui si sentiva molto infelice, quest'uomo le è stata accanto consolandola e, soprattutto, parlando di lei in maniera completamente nuova:

le dice che è una bella donna, graziosa e dai modi molto gentili; la trova una persona intelligente e sensibile; avrebbe, insomma, tutti "i numeri" per far perdere la testa a un bel po' di maschietti.

Lei si è sempre schernita, però ha cominciato a prendere coscienza di essere diversa da ciò che "gli altri" fino a quel momento l'avevano "costretta" a pensare di lei e ha iniziato a vedersi con occhi un pochino diversi.

Un giorno quest'uomo le ha rivelato di essere "innamorato perso" di lei, lasciandola di stucco.

Era la prima volta che "un altro uomo" si interessava a lei fino a quel punto.

Inizialmente ha preso tempo, non sapendo cosa fare; ma anche in seguito non gli ha mai detto di amarlo e, al massimo, gli ha concesso di stringerla un po' tra le braccia e di darle qualche bacio "innocente".

Questa persona le scrive anche delle lettere molto belle, appassionate, che non la lasciano affatto indifferente:

però di fronte a lui fa finta di niente.

In una delle ultime le ha detto chiaro e tondo che "con lei vuole avere una storia vera: condividere le emozioni, raccontarsi reciprocamente, gioire e soffrire insieme".

Lei gli ha risposto che lo considera "una persona veramente molto importante per la sua vita; negli ultimi anni nessuno le è stata vicina in tutti i sensi quanto lui".

Però "non se la sente di lasciarsi andare, perché perderebbe il rispetto di se stessa: o si accontenta così o…"

L'altro non si è dato per vinto e continua a corteggiarla: lei ha capito che è veramente innamorato di lei e teme, in un "momento di debolezza" di "rischiare" di cedere a lui.

-"Ma lei – le chiedo io – cosa vuole veramente da quest'uomo?"

-"Io lo amo – confessa lei – ma a lui non credo che lo dirò mai: però anche lui lo ha capito.

Finché si tratta solo di sentimenti, non credo di fare niente di male; ma se dovessi… come dice lei..avere una relazione extra coniugale, perderei il rispetto di me stessa, che è l'unica cosa veramente importante che mi resta" – conclude mestamente.

Le chiedo cosa intenda con l'espressione "perdere il rispetto di me stessa".

Non risponde, forse perché pensa che dovrei saperlo da me.

Provo a spiegarle qualcosa di quanto credo di aver capito:

-"Lei mi chiede, fondamentalmente, se amare un'altra persona al di fuori della sua relazione ufficiale costituisce "reato", per cui perde il famoso rispetto o la stima che dir si voglia:

la mia risposta è no!

Amare non può essere "peccato" solo perché interviene in un certo momento della nostra vita piuttosto che in un altro:

se avesse conosciuto quest'uomo semplicemente prima di suo marito non si sarebbe nemmeno posta il problema;

l'ha conosciuto dopo e, secondo lei, cambia tutto.

Così non è!

Non ci innamoriamo a comando e i sentimenti non obbediscono alla nostra volontà:

vanno avanti a prescindere!

È lecito innamorarsi: amare è una delle cose più belle del mondo; amare ed essere amati è una cosa assolutamente meravigliosa e, purtroppo, non capita né sempre né a tutti!

Ma lei mi chiede una seconda cosa:

se non faccio sesso, sono ugualmente "dentro" una relazione extra coniugale oppure no?

La mia risposta è: probabilmente si anche se "tecnicamente" no!

Infatti ora la sua vita ruota intorno a un'altra persona: i suoi pensieri, le sue sensazioni, le sue emozioni sono rivolte prevalentemente a quest'uomo; pensa che una notte d'amore, come si suol dire, metterebbe il suggello definitivo ad una definizione piuttosto che ad un'altra?

Lei è mentalmente ed emotivamente "impegnata" con questo uomo nuovo: che manchi un solo elemento del menu non cambia per niente la sostanza delle cose.

Viene meno, questo si, un elemento importante che fa veramente, di due persone che si amano, una "coppia":

manca l'Intimità!

L'Intimità nasce, nel 95% dei casi, dalla "confidenza dei corpi" e di conseguenza dalla fiducia che da questa origina e che spinge a "rivelarsi" per quello che si è e non per quello che vogliamo apparire agli occhi del resto del Mondo!

La donna si è fatta molto pensosa; ha mosso lievemente la testa, non ho ben capito se in segno di assenso o di saluto, ed è andata via.

Non l'ho più rivista a tutt'oggi...

QUANDO TRA LUI E LEI C'È IL DE CUIUS

A nessuno potrebbe venire in mente di considerare relazione extra coniugale quella che si instaura con una vedova o con un vedovo, da parte di una persona libera.

Eppure qualcosa accade quando, a distanza di anni dalla morte del partner, il coniuge sopravvissuto decide di intraprendere una nuova storia.

Sono da considerare "normale amministrazione" i malumori dei figli e si mette in conto qualche frecciatina nei confronti del nuovo intruso/intrusa.

E sì, perché agli occhi dei figli, l'altro/altra sarà sempre un nemico che vuole "rubare" il posto di qualcuno: del "de cuius", per l'appunto.

Altri tipi di malumore, invece, non possono essere considerati "normale amministrazione".

A molti verranno in mente le vicende narrate da Dafne Du Maurier nel famoso romanzo "Rebecca, la prima moglie", nel quale la moglie defunta sembrava più presente di quanto non avrebbe potuto se fosse stata in carne ed ossa, a causa della governante ossessionata.

I continui confronti con il partner deceduto possono fortemente incrinare i rapporti tra i componenti della nuova coppia, perché questi sono più delicati a causa di qualcosa che è già accaduto.

Altro è se tale confronto vien fatto con la evidente consapevolezza di voler colpevolizzare la coppia, per una malata dedizione al de cuius: si tratta di coloro per i quali i morti sono sempre dei santi, per il semplice fatto di essere morti: purtroppo, però, la morte non ha mai santificato nessuno!

È la vita e, soprattutto, i comportamenti tenuti in vita che fanno di chiunque una brava piuttosto che una cattiva persona: giudizi affrettati e confronti sgradevoli sono il più delle volte solo indice di invidia e/o di cattiva disposizione d'animo, nei confronti di una nuova situazione che è venuta alla luce.

Sono i protagonisti della nuova storia nascente che devono fare fronte comune e non commettere mai l'errore di considerare i "giudizi" degli altri più importanti e più giusti dei propri.

C'è il rischio di un eventuale isolamento da parte di qualche parente o di qualche amico: è importante, a questo punto, mettere sui due piatti della bilancia i pettegolezzi, da una parte, e i propri sentimenti dall'altra.

Non dovrebbe essere difficile capire da quale parte pende senza ombra di equivoci la bilancia!

Altro è, invece, se tale confronto parte, in maniera più o meno esplicita, da uno dei due componenti la "nuova coppia".

Ancora una volta bisogna ricordare che ogni storia è una storia a sé, con personaggi, situazioni e comportamenti che nulla possono avere a che vedere con la relazione passata: non solo il nuovo partner è persona diversa, rispetto al de cuius, ma anche il

110

coniuge/compagno sopravvissuto è persona del tutto diversa da quella che era al tempo della precedente relazione.

I problemi che può incontrare la nuova coppia sono diversi a seconda se il confronto con il passato viene dall'esterno della coppia o nasce dall'interno della medesima.

Quest'ultimo caso, ad avviso del sottoscritto, è più raro: il rimpianto per la persona amata e il mantenimento di un buon ricordo della vita vissuta insieme fanno parte del bagaglio di esperienze che il partner sopravvissuto si porterà sempre dietro, perché saranno parte integrante della propria vita.

Nessuno potrà mai pretendere di farli cancellare dalla memoria, per il semplice fatto che la memoria ne prende nota, a prescindere dalla eventuale volontà di ignorarli.

Inoltre, di tali ricordi non si potrà avere alcuna gelosia, perché si tratta sempre di situazioni passate e non contemporanee e soprattutto perché la gelosia, di fondo, è desiderio di possesso, più o meno pieno, di una persona o di una cosa: la morte ti libera da ogni forma di possesso, per cui la gelosia è fuori luogo.

Il ricordo è la medicina più adeguata per "archiviare" il passato senza farsene condizionare, collocandolo piuttosto nel ripostiglio dell'esperienza emotiva, al fine di riuscire ad alzare il capo per guardare il presente e il futuro, che aspettano di essere vissuti.

Possono invece finire con l'essere molto condizionanti i paragoni che fanno le persone esterne alla coppia: parenti, amici o semplici conoscenti.

Capita a volte che intorno alla persona interessata si finisca con lo scavare una specie di solco molto profondo, che finisce con l'isolare la nuova coppia.

Ancora una volta bisogna fare una distinzione:

c'è qualche motivo particolare per cui i parenti non approvano la nuova relazione?

Se un motivo c'è, al novanta per cento si tratta di motivazioni economiche e di queste si dovrebbe occupare un commercialista e non uno psicoterapeuta.

Un dieci per cento riguarda invece una specie di "riprovazione di fondo", per cui il lui o la lei di turno non doveva "mettersi" con il tale o la tal'altra, quasi fosse una cosa riprovevole se non addirittura una mancanza di rispetto nei confronti del de cuius.

Quando due "nuove" coppie sono venute da me, nel giro di un mese l'una dall'altra, per una motivazione del genere, con molto garbo ho spiegato loro che non potevo metterle in terapia semplicemente perché non ne avevano alcun bisogno: caso mai erano i loro critici che avevano qualche problema e che avrebbero fatto meglio a ricorrere a qualche cura specialistica per liberarsi da una "sindrome rancorosa", che non avrebbe dovuto avere nessun motivo di essere.

Ho sentito dire che le due coppie vanno avanti serene e contente...

LA FEDELTA': COS'È?

Fedeltà: parola molto impegnativa, causa prima della definizione di "tradimento", data sommariamente a ogni tipo di relazione extraconiugale.

Infatti l'opposto della *fedeltà* altro non è che *l'infedeltà*, parente di primo grado del condannatissimo *tradimento*. Ne abbiamo già parlato all'inizio della trattazione.

La *Fedeltà* viene nominata anche dal Codice Civile, in materia di Matrimonio, definendolo un *obbligo*!

Quale errore madornale!

Si può *obbligare* qualcuno ad amare qualcun altro?

Si può costringere qualcuno a provare questo o quel sentimento nei confronti di qualcun altro?

Nelle civiltà poco degne di questo nome accade comunemente che la famiglia scelga chi deve sposare il figlio o la figlia e questi poveretti, *dopo*, hanno l'obbligo di amarsi, possibilmente per tutta la vita.

Più che un *obbligo*, al sottoscritto sembra una vera e propria *costrizione*, che ben poco ha a che vedere con tutte le norme che garantiscono, o dovrebbero garantire, a tutti i cittadini libertà di pensiero, di parola e di azione: io aggiungo di sentimenti, anche se nella Costituzione non c'è scritto da nessuna parte.

La *fedeltà*, in qualsiasi tipo di rapporto di coppia, non può che essere una *libera scelta*, legata ancora una volta all'*hic et nunc*, cioè alle circostanze particolari esistenti in

113

quel particolare momento e in quelle particolari condizioni locali.

Qualcuno potrebbe obiettare che il Codice Civile non si riferisce ai Sentimenti bensì ai Comportamenti.

All'obiezione si obietta che in questa materia i comportamenti sono la conseguenza dei Sentimenti: ma in questa maniera non si viene a capo di niente.

Cerchiamo di capire che cos'è questa benedetta *"Fedeltà"*.

Aiutiamoci con l'etimologia della parola; fedeltà deriva dal latino *"fidelitas"*: costanza e devozione, recita il freddo dizionario di latino.

In una relazione tra due persone, libere di mente da pregiudizi di qualsiasi genere, la costanza e la devozione non hanno alcun posto nemmeno tra gli obblighi eventuali.

Fidelitas deriva a sua volta da un altro lemma latino: la parola *"Fides"*.

La traduzione letterale sarebbe Fede, Garanzia, Giuramento: mi sembra che con il Sentimento dell'Amore c'entrino davvero poco!

Partiamo da un postulato: Amare è una libera scelta!

Il postulato contrario sarà quindi: Se c'è Costrizione non c'è Amore.

Dai due postulati deriva che nessuno può imporre, come obbligo, di amare qualcun altro.

Da un Amore, nato per libera scelta, possono derivare degli obblighi?

La risposta è chiaramente "No", ma la Storia ci racconta altro.

L'uomo, nobile o plebeo, deve essere sicuro della propria prole al fine di poter lasciare i suoi beni o la sua povertà ai propri discendenti certi, che porteranno il suo nome: e a volte questo era l'unico bene trasmissibile.

La Società, al solo fine di proteggere questa scala gerarchica che permetteva nei secoli il mantenimento dello status quo, senza inutili spargimenti di sangue, ha creato una miriade di "Costrizioni", che inizialmente, con tutto ciò che riguarda la "Moralità", non aveva niente a che vedere.

Da qui il nome dispregiativo di "Bastardi", affibbiato ai figli nati fuori dal matrimonio, senza che questi avessero colpa alcuna, al di fuori del fatto di essere nati.

La *Fedeltà Matrimoniale* è quindi nata al solo scopo di garantire successioni sicure o, in mancanza di beni da trasmettere, per garantire i padri circa la provenienza dei figli.

Le norme religiose si sono immediatamente "sposate" con quelle civili fornendo a queste ultime una parvenza di sacralità, di cui avrebbero potuto fare tranquillamente a meno: tutte le religioni, indistintamente, hanno preteso dalle Donne prove certe circa i loro comportamenti sessuali, discriminandole molto pesantemente in caso di "peccato" di Lussuria.

L'Ipocrisia ha fatto tutto il resto!

Amare una persona è Sacro!

Amarne due è Lussuria!

Oggi, per fortuna, a un individuo, comunque sia abbigliato e a qualunque gradino della scala sociali appartenga, che dica una bestialità simile rispondiamo quasi tutti che "si è bevuto il cervello"!

Ritorniamo alla nostra *Fedeltà*, che avevamo per un attimo perduto di vista.

Se Amare non può che essere una libera scelta, lo stesso dicasi per la Fedeltà.

Ma cosa vuol dire essere fedeli e, soprattutto, a chi e a che cosa?

Una volta liberato il campo da ogni forma di *"obbligazione"* che ci vincolerebbe a fare o a non fare, ritorniamo al *libero arbitrio,* che deve invece guidare le nostre azioni in tema di Sentimenti.

Per essere "fedele" a qualcuno è necessario che io sia prima di tutto fedele a me stesso: cosa vuol dire questa apparente affermazione egoistica?

Nessun egoismo: parte tutto dal *"diritto alla felicità"* di Jeffersoniana memoria!

La vita "sociale" dell'Uomo non parte dai Doveri, cioè da obblighi contratti verso qualcuno o verso gruppi di persone, bensì dai Diritti, definiti a suo tempo "inalienabili", cioè irrinunciabili.

È per veder rispettati i propri Diritti che sono nati, successivamente, i Doveri: dal giusto bilanciamento degli uni con gli altri nasce la Libertà o la Schiavitù: non è pertanto un'argomentazione da poco.

Facendo salvi tutti i "Diritti Etici", sui quali non è il caso di soffermarci perché ci porterebbe troppo lontano, soffermiamoci sul *"Diritto di Amare e di Essere Amati".*

Amare, essendone ricambiati, è una delle gioie maggiori che possa capitare a un essere umano: Amore sottintende una molteplicità di concetti acquisiti e dati per scontati, sebbene non sempre se ne sappia dare una definizione univoca e onnicomprensiva.

La *"dedizione"* all'altro o all'altra è una delle qualità o virtù che, naturalmente, accompagnano l'Amore: tale dedizione non è un dato di fatto, un obbligo sancito per legge, un vincolo mancando il quale si stabilisce che c'è o meno una mancanza.

La *"dedizione"* è una spontanea libera scelta, per cui la persona oggetto del mio amore è unica e inconfondibile; a lei dedico i miei pensieri, i miei sentimenti e il mio corpo: chi fa questo è prima di tutto fedele a se stesso, al sentimento che prova in quel momento e in quella circostanza: hic et nunc!

Non dimentichiamo mai queste due paroline!

L'hic et nunc si può automaticamente ripristinare, fino all'infinito: e ripristinare vuol dire scoprire nel proprio e nell'altrui amore sempre qualcosa di nuovo e stimolante, che tiene ben viva la fiamma iniziale della passione e dei sentimenti.

È dall'Amore che nasce la Dedizione e non viceversa!

Se l'Amore muore, la Dedizione non trova più nessuna ragion d'essere!

La libera scelta, questa volta, vira ancora verso quel Diritto alla Felicità, al quale ogni essere umano dovrebbe tendere, avendone pienamente diritto…e non solo in campo sentimentale.

QUANDO LUI ... DIVENTA LEI!

Non ho, personalmente, una grande esperienza su questa particolarissima tematica, che sembra moderna, ma tale, in effetti, non è!

Matrimoni bianchi, matrimoni combinati, accordi segreti per evitare che salti fuori "uno scandalo" sono antichi quando il mondo, ma in passato sono sempre stati nascosti sotto uno spesso velo di silenzio.

Al massimo si sussurrava qualcosa in qualche salotto, non in tutti, sia ben chiaro, e il solito bene informato parlava a voce molto bassa in mezzo a una ristretta cerchia di persone fidate.

Oggi questo tipo di situazione non fa più scandalo perché c'è un'accettazione più matura e più consapevole dell'omosessualità.

Ciò non toglie che, quando una realtà del genere viene alla luce, lo stupore è sempre abbastanza marcato.

Le domande a monte di una discussione sono tante:

1) il soggetto è sempre stato omosessuale ma non ha mai svelato a nessuno, tanto meno alla sua partner, il suo segreto?

2) il soggetto era eterosessuale o credeva di essere eterosessuale e improvvisamente ha scoperto di avere impulsi chiaramente omosessuali?

3) il soggetto sa perfettamente di essere omosessuale ma per motivazioni varie non accetta la sua sessualità e si mette, più o meno inconsapevolmente, alla prova

per negarla e scoprite che l'eterosessualità è "la sua normalità".

Potremmo fare tantissime altre ipotesi ma, come quelle su esposte, non ci portano da nessuna parte: quando il paziente entra nello studio di uno psicoterapeuta e svela il suo segreto, ogni tipo di ipotesi finisce col far parte del passato!

Quello che interessa veramente è sia il presente, con tutti i suoi dubbi, sia la sofferenza che ha riempito il suo passato.

Perché il marito, il compagno, l'amante si rivolge allo psicoterapeuta a un certo punto della sua esistenza?

Il motivo è sempre lo stesso: il carico di oppressione e di sofferenza è diventato insopportabile e insostenibile!

Come si fa a rivelare alla compagna di una vita o anche di pochi anni che è innamorato di un'altra persona che però è un uomo?

La donna è preparata da milioni di anni a confrontarsi con una rivale, che è donna come lei: entrambe conoscono l'avversaria e le sue armi perché sono simili, anche se non identiche.

Ma scoprire che l'amante o il compagno del proprio uomo è un altro uomo è una situazione del tutto inusuale e a questo non è per niente preparata!

Una donna è pronta a capire che un uomo è attratto da un altro uomo, così come una donna può, sessualmente parlando, essere attratta da un'altra donna: ma non il suo uomo!

-"Ma come fa a piacergli un uomo: che schifo!": questa è l'espressione più frequente che vien fuori a una donna non appena riesce a riprendersi dallo shock della rivelazione!

Quell'espressione non è, sia ben chiaro, il disprezzo per l'omosessualità, genericamente parlando; è il disprezzo o piuttosto il disgusto per un partner che l'ha stretta tra le braccia, che lei ha amato e a cui ha donato il suo corpo.

Immaginare il suo uomo che accarezza un altro corpo femminile la mette in crisi e l'eventuale disgusto è legato all'orgoglio ferito, al fatto di essere stata preferita a una rivale, al fatto di essere stata trovata meno bella dell'altra, al fatto che la sua sensualità è in discussione: ma tutto questo richiama alla mente più una antica e ben conosciuta rivalità tra donne piuttosto che la nausea, perché l'immaginazione le fa vedere i due corpi nudi avvinghiati nella passione.

Ma con un altro uomo che passione ci potrà mai essere! Quanto sta accadendo è fuori di testa e incomprensibile!

Quello è suo marito, con il quale ha condiviso dei momenti di intimità che ricorda benissimo!

Quando "l'altra" non è la solita "lei" ma è un inimmaginabile "lui", la rottura è inevitabile:

Lui ha preso una decisione importante perché "l'amore" per il nuovo compagno è già stato più forte del segreto da proteggere a tutti i costi, come accaduto fino a quel momento; ma adesso questo amore "pretende" di più: bando ai sotterfugi e rivelazione al mondo!

Lei non sarà mai più in grado di guardare il marito o compagno o amante, con gli occhi di prima: è uno sconosciuto, che forse ha mentito da sempre, probabilmente l'ha ingannata prima ancora di iniziare una storia con lei; quello che si trova di fronte non è il compagno che può aver preso una sbandata e che forse potrebbe tornare da lei.

Quella persona non trova nessun interesse per la sua femminilità e quindi non la riconosce come soggetto degno di quel tipo particolare di attenzione e di attrazione che da sempre fa da calamita tra un maschio e una femmina: il legame si è spezzato per sempre!

Di questo la donna è pienamente consapevole!

Caso clinico 8

Un mio collega, esperto in psicopatologia di coppia, mi telefona chiedendomi se sono disposto a incontrare una coppia, sposata da dodici anni, all'interno della quale da sei non esistono più rapporti sessuali.

Mi anticipa che la signora sicuramente nasconde un segreto, che però non ha né ammesso né, quindi, rivelato.

Sottolinea subito che tra i due c'è affetto e che i rapporti relazionali sono civili: non hanno avuto figli perché il marito "non si sentiva pronto" a diventare padre.

La richiesta del collega è la seguente: c'è la possibilità che la sfera sessuale possa essere modificata dall'attuale stallo, che dura oramai da troppo tempo?

Il suo timore è che il rapporto di coppia possa venire a cessare a causa di questo matrimonio, diventato lentamente "bianco".

Di comune accordo decidiamo che vedrò la coppia per quattro sedute, dopodiché deciderò sul da farsi.

Nel primo colloquio, comune, noto un notevole nervosismo in entrambi, ma nessuno dei due si confronta con l'altro in maniera dura né tanto meno offensiva.

Quando chiedo spiegazione per i sei anni trascorsi in maniera santa, forse, ma non da "amanti", prima di tutto fanno entrambi un salto nel sentire la parola "amanti".

Spiego loro che una coppia, anche sposata, deve avere sempre delle complicità, che fanno di quelle due persone due amanti, nel senso che si amano e si desiderano.

-"Il desiderio non c'è!" - è l'unica affermazione dell'uomo, che mi sembra turbato: ma potrebbe essere solo un'impressione.

-"Nel senso che non desidera più sua moglie?"

-"Le voglio bene, ma non provo desiderio"

La signora mi conferma che il marito non ha più cercato di avere un approccio sessuale con lei, che, da parte sua, si è stufata e neanche lei l'ha più cercato.

Nella seconda seduta incontro il marito che, si capisce subito, ha deciso di non collaborare: per lui il menage può continuare anche così: in fondo, anche la moglie se ne è fatta una ragione!

L'incontro con la moglie è tutto un altro discorso: avevo deciso tutta una strategia che partiva dal suo appiattimento sulla decisione del marito, per capire se anche da parte sua il desiderio fosse latitante da un pezzo o piuttosto avesse già un nuovo compagno.

Ma, prima che possa nemmeno aprire bocca, lei mi comunica una notizia strabiliante:

-"Mio marito è gay!"

Tutto il mio canovaccio di domande va in fumo!

Mi rivela che da tempo è nato dentro di lei il sospetto, frustante, che il marito potesse avere interesse per persone del suo stesso sesso: ma aveva sempre rifiutato di approfondire, mentalmente, il problema.

Poi parlando con un'amica, questa, riferendosi a una coppia che entrambe conoscevano, la informa che il marito ha una relazione stabile, da anni, con un altro uomo: continuano, tuttavia, ad avere un matrimonio "di facciata" perché fa comodo a entrambi.

Al momento della rivelazione la signora è rimasta di ghiaccio e niente ha lasciato trapelare dei suoi crucci; ma, non appena arrivata a casa, ha affrontato il marito e gli ha parlato della storia della sua amica.

La reazione del marito è stata tutt'altro che sconvolgente:

-"Cosa vuoi che sia? Succede a un sacco di persone!" - il suo commento mentre però arrossiva violentemente.

Da qui la improvvisa e inattesa domanda diretta:

-"Sei gay anche tu?"

Lui ha tergiversato, ha provato a scherzarci su, ma non ha né negato né confessato.

Da quel momento la sua vita è diventata un inferno: l'idea di suo marito tra le braccia di un uomo "o peggio, immaginare altro" - parole sue testuali, è per lei assolutamente insopportabile.

Chiedo l'autorizzazione a parlare nella seduta successiva con entrambi di quel problema e lei acconsente

Entro direttamente in argomento, parlando con calma e senza alcuna ostilità:

-"Sua moglie ritiene che lei sia gay? È vero?"

-"Sono cose che succedono o possono succedere! Io però non ho nessuna relazione con un altro uomo!" - questa la risposta del marito, che appare meno imbarazzato delle sedute precedenti: anzi, sembra finalmente essersi liberato da un peso.

-"Non c'è nulla di male a essere omosessuale!" - continuo - "Però è giusto che la sua compagna ne sia informata!"

-"Non ho una relazione omosessuale! Ma non ho nessun desiderio, né razionale né emotivo, di fare sesso con lei: semplicemente non riesco nemmeno ad accettare l'idea!" - le parole dell'uomo che sconvolgono la moglie.

Comunico loro che il mio lavoro di sessuologo è già terminato, perché devo prendere atto che uno dei due non ha alcun desiderio del corpo dell'altra: anzi, forse proprio questo è un ostacolo per la sessualità del marito, o meglio, di entrambi.

Io non ho nulla da correggere in quella coppia, perché uno dei due elementi della stessa non nutre alcun interesse sessuale nei confronti dell'altro.

Sarebbe opportuno, per il marito, intraprendere un percorso con un collega, che si occupa di problematiche relative all'identità di genere: cercare di capire, cioè in quale dei due sessi si riconosca e, di conseguenza, verso quale dei due sessi provi attrazione.

Deciderà lo psicoterapeuta di coppia se indicare tale nuovo cammino da intraprendere, da questo momento in avanti: a mio avviso, ma è solo una impressione non approfondita da ulteriori indagini, il loro rapporto è giunto al capolinea!

LA PAUSA DI RIFLESSIONE: MA CHE COS'È?

Una delle frasi più sprecate in tutti i tempi e in tutti i campi, da quello affettivo a quello amicale, a quello professionale, quando un rapporto va in crisi è questa:
"Prendiamoci una pausa di riflessione!"
Cosa vogliono dire, esattamente, queste poche paroline foriere di impreviste e imprevedibili tempeste?
Il più delle volte, quello che doveva accadere è già accaduto!
Dopo la tempesta, che quindi c'è già stata e che danni ha già provocato, ci si ferma a riflettere per non prendere delle decisioni sull'onda della sola emotività.
Limitiamoci all'ambito della coppia.
I casi da prendere in considerazione sono più d'uno:

    1) la pausa la prendono i protagonisti della coppia "ufficiale";

    2) la pausa la prendono i protagonisti della relazione extra;

    3) la pausa la prendono tutti i protagonisti, ufficiali ed extra.

Cosa è successo?
Esaminiamo caso per caso.
1° Caso:
nella coppia "ufficiale" viene rivelata la presenza dell'altro o dell'altra.

La relazione va in crisi perché ci si rende conto che uno dei due componenti della coppia non è soddisfatto del proprio compagno o della propria compagna, per cui ha trovato fuori della coppia la soluzione alla sua insofferenza.

"Io non ti bastavo più?" – chiede e si chiede la persona che apprende della relazione del compagno/compagna.

"Tu non mi bastavi più!" – è la motivazione del/della protagonista della nuova vicenda.

Se si rompe tutto, vuol dire che entrambi hanno preso atto che la coppia non esiste più oppure che per uno dei due la convivenza non è più possibile perché non può più fare a meno dell'altra/altro.

Se c'è frattura ma non taglio netto, allora vuol dire che qualcosa c'è ancora, che il distacco non è ancora definitivo, che il passato pesa ancora sul presente:

in parole povere, la nuova storia non sostituisce del tutto la vecchia storia e, qualche volta, la nuova storia è solo un espediente per richiamare l'attenzione dell'altro/altra che si sente del tutto trascurato, a ragione o a torto che sia.

In questo caso: a che serve la pausa di riflessione?

Probabilmente non serve a niente!

È piuttosto giunto il momento di "ricucire", partendo da quell'unico brandello che tiene ancora insieme la storia comune.

Qualunque tipo di pausa, in questo momento, non farebbe che allontanare ancora di più tra loro i protagonisti della prima storia, rischiando di avvicinare sempre più quelli della seconda.

127

Ci potrà essere una pausa nei rapporti sessuali, e anche questa è consigliabile essere la più breve possibile, perché il ricordo fresco del "nuovo" è vincente sul ricordo "sbiadito" del passato.

2° Caso:

La pausa di riflessione tra i protagonisti di una storia extra coniugale è, inevitabilmente, il preludio a una "chiusura" definitiva della storia, che avverrà di lì a poco.

I due non si intendono più, perché sono venute meno le motivazioni che li hanno spinti a rischiare e a mettersi in gioco: l'emozione sta lentamente cedendo il passo alla noia o a una nuova storia, per ora, forse, solo in fase nascente.

A cosa serve la pausa, in questo caso?

Ancora una volta: a niente!

La si può considerare, a seconda dei punti di vista, una maniera elegante o ipocrita o soft di salutarsi, senza far drammi; da qui la tipica frase: "Restiamo amici!"

Niente di più sbagliato!

L'Amicizia è una cosa, l'Innamoramento è tutta un'altra faccenda: confondere tra loro i due rapporti relazionali non ha mai portato a niente di buono!

3° Caso

Pausa generale! Nessuno vuol rompere niente!

Questo vuol dire che c'è una notevole affettività tra tutte le parti in gioco e prendere una decisione è veramente difficile. Si possono amare contemporaneamente e con la stessa intensità due persone?

Si può accettare di continuare ad amare il proprio compagno/a, sapendo scientemente che lo/la si sta condividendo con un'altra/altro?

La nuova coppia è più esperta, perché è nata già così e sa dell'esistenza di "qualcun altro/altra"; si dà per scontato, anche se non se ne fa parola esplicitamente, per un tacito accordo, che "qualcosa" sicuramente continua a "succedere" con la persona pre-esistente alla nuova situazione.

Il problema riguarda la coppia originaria, prevalentemente:

chi è incorso nel nuovo innamoramento, qualche domanda doveva essersela già posta con relativa risposta attendista sul perché e sul per come.

Una volta che il segreto è stato svelato, però, cambia tutto:

non è il/la sola a voler e dover decidere ma deve condividere la decisione con qualcun altro/altra.

Una rottura è pressoché inevitabile: ma con chi?

Se il partner "ufficiale", che ha subìto la relazione extra dell'altro/altra, non rompe subito la relazione e si appiglia alla pausa di riflessione, vuol dire che sta lanciando un segnale:

"Potrebbe essere che tornare con te mi va ancora bene a patto che tronchi definitivamente con l'altra/altro: a te la mossa decisiva!"

All'altro/altra viene svelato un particolare che "prima", quando il segreto non era stato ancora svelato, era solo ipotizzabile:

"Che farebbe se sapesse che sto con un'altra/altro?"

Ora questo si sa: la porta è ancora aperta e si può tornare indietro, solo che lo si voglia e solo che avvenga un fatto importante: si interrompa la nuova relazione.

A questo punto entrano in gioco i cosiddetti "*meccanismi di bilanciamento*": di che si tratta?

Semplice: si mettono, più o meno consciamente, sui piatti di una bilancia ideale le emozioni con l'uno o con l'altro partner, i cambiamenti, positivi, intervenuti nell'una e nell'altra situazione, l'appagamento mentale, intellettuale, sentimentale, emozionale, con l'uno o con l'altro/altra, gli episodi belli o brutti, ma comunque significativi, che si sono vissuti insieme.

Si vive una specie di film con due pellicole contemporanee e si passa rapidamente dall'una all'altra in un'alternanza di gioia o di dolore.

La decisione non sempre vien presa semplicemente sulla base di chi ci procura più gioia e meno dolore:

la persona con cui riesco a condividere la mia intimità, aprendomi senza timore perché mi fido e nelle cui mani sono disposto a mettere la mia vita senza alcun timore, è quella che sceglierò, anche se so a priori che a volte mi farà soffrire.

Un'ultima osservazione mi sembra doverosa:

L'espressione "Pausa di Riflessione" andrebbe corretta in "Pausa per la riflessione".

Lo scopo dello stand by è rivolto a tutto ciò che è già successo e non a quello che potrebbe succedere dopo!

Su quanto accaduto è tutt'al più necessario fare il punto della situazione per le opportune valutazioni del caso.

La "Pausa" occorre "per" riflettere, fare il punto della situazione e quindi decidere: questa è l'eventuale utilità di tale tipo di pausa.

ONESTA' ... E RELAZIONE EXTRACONIUGALE

Quanto sono onesti i protagonisti di una relazione extra coniugale?

O meglio: possono essere considerati onesti i protagonisti di una storia extra coniugale?

Domanda da un milione di dollari, si potrebbe obiettare.

Non sprechiamo troppi dollari per una domanda così semplice.

Cos'è "l'onestà?"

Qual è un comportamento onesto?

E di conseguenza: quale comportamento è disonesto?

Prima di tutto limitiamoci a riferirci all'onestà nell'ambito dei rapporti affettivi; già questo dovrebbe rendere complicata una definizione con contorni ben definiti e invalicabili:

ma non è proprio così!

Nell'ambito dell'affettività è "onesto" tutto ciò che realmente si sente dentro e non tanto quello che si manifesta all'esterno.

In poche parole: chi inventa sentimenti, emozioni, sensazioni che non sente veramente dentro di sé non è onesto e non si comporta onestamente né con se stesso né con il partner.

Più che di "Onestà" in senso astratto, nell'ambito dei rapporti affettivi dovremmo parlare di "Onestà Affettiva".

Sentir nascere dei sentimenti nei confronti di una persona, provare delle sensazioni dentro, vivere delle emozioni nel pensare, fantasticare, incontrare un/una partner, fa parte della vita e non può essere soggetto a giudizi.

Amare con onestà di sentimenti non è mai riprovevole.

Fingere di amare per raggiungere obiettivi più o meno squallidi o di comodo è profondamente disonesto: se si vuol avere un'avventura bisogna avere il coraggio di dichiarare la propria mancanza di interesse reale nei confronti dell'altro/altra.

Se dall'altra parte si è d'accordo allora si rientra nell'ambito del comportamento non disonesto: ognuno dei due partner è consapevole di quello che prova l'altro e degli obiettivi che l'altro si prefigge di raggiungere con i suoi comportamenti.

E nei confronti del partner "originario"?

Ancora una volta la strada è irta di mille ostacoli:

l'ovvio comportamento "onesto" sarebbe quello di rivelare "immediatamente" al partner la nuova situazione.

Nell'ambito della psicoterapia, al di là di onestà o disonestà, è l'unica cosa che si raccomanda di non fare mai!

Al/alla paziente ben di raro è tutto chiaro quando chiede un colloquio con lo psicologo; al contrario: quelle che credeva certezze acquisite e messe in cassaforte evaporano come neve al sole, mentre i nuovi convincimenti faticano a farsi largo proprio a causa di quelli acquisiti col tempo.

La "gestione dei segreti" è una delle situazioni più difficili nella terapia di coppia: gestire col contagocce quello che si sa, quello che "si può dire" e quello che "si è autorizzati a dire", può significare a volte il successo o l'insuccesso nel corso di una terapia.

La nuova storia mette a fuoco situazioni presenti da tempo ma nascoste sotto incrostazioni di comodo: un'eruzione vulcanica ben difficilmente avviene da un momento all'altro; il più delle volte ci sono segni premonitori e solo se questi sono reali e non si tratta di un falso allarme, seguirà l'eruzione.

Così è nella relazione extraconiugale, nella sequenza che abbiamo indicato nei capitoli precedenti.

Rivelare troppo precipitosamente a chicchessia che sta per nascere o è in corso una relazione extra vuol dire scambiare per eruzione quella che è una banale fumarola vulcanica, di nessun pericolo per nessuno!

Nel prosieguo delle sedute, nemmeno lo psicoterapeuta deve vivere eccessivi complessi di colpa, se malgrado i suoi sforzi per il successo di una terapia di coppia, questa alla fine decide di sciogliersi:

il più delle volte la coppia sa già da sé come andrà a finire la storia, per cui il vero compito del terapeuta è solo quello di "accompagnarli" alla decisione finale, preparando per tempo sia i diretti protagonisti sia chi sta loro intorno, attutendo in tal modo quanto più possibile gli inevitabili contraccolpi.

Nessuno ne voglia allo psicoterapeuta se questi consiglia sempre di negare una relazione extra, anche perché il più delle volte una troppo rapida "confessione" è solo una comoda scorciatoia per arrivare a una separazione chiesta dall'altro/altra!

Come già detto all'inizio il terapeuta non è né il giudice né il moralista, da cui emanano sentenze inappellabili!

Il suo scopo è fare chiarezza, senza pregiudizi di alcun genere, nella testa e nell'animo nei confronti di chi si rivolge a lui.

La Razionalità e l'Emotività difficilmente camminano di pari passo e spesso si complicano la vita l'un l'altro: il terapeuta, come un moderno mosaicista, deve fare il possibile per mettere ogni tassello nel posto giusto.

La decisione finale spetta sempre e solo al/alla paziente, che non deve essere condizionata dai convincimenti personali del terapeuta: questo è il vero e unico comportamento onesto che ogni psicoterapeuta degno di questo nome deve imporre a se stesso!

LA SOFFERENZA

Se la relazione extra coniugale, come stiamo sostenendo fin dalle prime pagine di questo testo, deve essere considerata una situazione assolutamente normale, come mai si porta dietro tanta sofferenza?

La domanda sorge spontanea perché, effettivamente, ci sono un bel po' di persone che ruotano intorno ai protagonisti e alle quali tocca o toccherà di soffrire.

Soffre il/la partner iniziale, quella/quello che viene messa da parte; soffrono i figli, quando ci sono; soffrono gli stessi protagonisti della storia, malgrado la felicità "a due" che li accomuna.

Come abbiamo accennato nelle pagine precedenti, una scelta, soprattutto quella che implica un cambio deciso di rotta, non può non avere conseguenze: si tratta di scegliere!

Qualunque sia la scelta, ci sarà sofferenza in ogni caso ed equamente distribuita tra tutti.

Se il compito dello psicoterapeuta è quello di liberare il paziente dal suo "malessere", non si può non fargli vedere con chiarezza e senza sotterfugi quale sarà il suo futuro nell'un caso come nell'altro.

Tocca esclusivamente al paziente scegliere, una volta che abbia compreso la sua situazione, una volta che si sia liberato dei suoi sensi di colpa, una volta che sia stato messo in condizioni di scegliere, libero da pressioni o da sollecitazioni esterne o da pregiudizi.

La scelta, qualunque sia, non libera dalla sofferenza ma solo dalla paura di non intraprendere la strada giusta: quella che porta due persone a stare bene, a essere felici, a intraprendere un nuovo cammino e, quindi, un nuovo progetto di vita, essendo ben consci che quanto seminato prima non verrà distrutto o reso di colpo inesistente ma al contrario continuerà a essere parte della vita di ognuno dei due protagonisti di una nuova storia.

Con i figli il rapporto deve essere tenuto ben saldo e devono a tutti i costi essere evitati quei dispettucci da dozzina tra ex coniugi, utili solo a farsi del male, ma assolutamente distruttivi perché inevitabilmente ricadranno sulla prole.

Anche i rapporti tra familiari acquisiti andrebbero mantenuti nei limiti della correttezza: ancora una volta, dopo che i diretti interessati si saranno separati, sarà meglio che tra ex moglie ed ex marito ancora una volta nessuno ci metta il dito

LA TRASGRESSIONE

Qual è il ruolo della trasgressione in una relazione extra coniugale?

Non c'è elemento di una coppia che vive una simile esperienza il quale non confessi, anche a se stesso/stessa che la *Trasgressione* è parte integrante e stimolante della relazione in atto.

Ancora una volta occorre fare degli opportuni distinguo: chi si avvicina a un'altra persona per il puro gusto della trasgressione, senza alcun passaggio in nessuna delle fasi sopra descritte, chi cerca solo un'avventura erotica o si vuol semplicemente "relazionare" per poi vedere come andrà a finire, non è oggetto della nostra indagine.

Diverso è per chi si trova già all'interno della relazione e scopre il gusto della *Trasgressione*!

In questo caso la Trasgressione è entrata solo in un secondo tempo nella relazione e, sicuramente non ne è stata la causa o il motivo principale!

La trasgressione è sempre la rottura di una regola e la Regola sappiamo che è una obbligazione condivisa.

Non condividerla significa automaticamente essere fuori da un contesto comunemente condiviso e assumersi la diretta responsabilità delle proprie azioni: chi pensa che trasgredire vuol dire fare il proprio comodo e fregarsene di tutto e di tutti sbaglia di grosso, perché o siamo di fronte a un imbecille, nella migliore delle ipotesi, o siamo di fronte a un irresponsabile!

La Trasgressione nell'ambito della Relazione Extra coniugale è un'assunzione di responsabilità in più rispetto alle precedenti, non uno scrollarsi da dosso quelle già esistenti!

Perché allora quel brivido che rende più eccitante la Relazione?

Perché in quel preciso momento ognuno dei due protagonisti della Relazione sperimenta qualcosa di nuovo di cui lui solo è Artefice e Responsabile: nel bene e nel male tutto quello che accadrà sarà esclusivamente merito o colpa propria: però, e questa è la vera novità, sta costruendo da solo e con le sue mani qualcosa di unico malgrado tutto e malgrado tutti!

È un po' come l'emozione dell'artista che vede materializzarsi la sua opera d'arte!

La Trasgressione, in una Relazione e non solo extra coniugale, è quel pizzico di sale e pepe in più che rende più interessante, coinvolgente e intrigante una situazione già nota e vissuta: in nessun caso è la causa scatenante di alcunché!

LA GELOSIA

Che posto ha la gelosia in una relazione extraconiugale?
Ci sarebbe la tentazione di pensare che la "Gelosia", misterioso sentimento molto controverso, sarebbe appannaggio esclusivamente di coloro che ruotano intorno ai protagonisti della relazione: lui, lei e l'altro o l'altra.
Niente di più errato!
Intanto bisogna partire dal presupposto che la persona così detta "gelosa per natura" tale è e tale resta sia nella relazione coniugale, sia in una nuova relazione, nata semplicemente alla conclusione della precedente, sia in una relazione extra.
Siamo di fronte ad un "soggetto possessivo", che considera la persona, oggetto della sua passione, una sua proprietà privata, assolutamente inviolabile!
Quando la Gelosia raggiunge questi livelli, ci troviamo di fronte ad una vera e propria patologia: una patologia ossessiva compulsiva che necessita di trattamento, oserei dire "obbligatorio", prima che si possano verificare situazioni incresciose o estreme.
La Gelosia "normale" non ha bisogno, per fortuna, di ricoveri manicomiali, tanto più che i Manicomi sono stati cancellati dalle strutture sanitarie italiane: la

discussione, se sia stata una decisione saggia o sciagurata, non riguarda codesta trattazione.

Che cos'è la gelosia?

E come nasce?

Ecco due domande apparentemente semplici e invece molto complesse: la risposta non è mai facile o scontata!

Può essere considerata un sentimento?

Può essere più semplicemente un'emozione?

Può essere una vera e propria patologia?

Può essere considerata affine alla paura, una specie di "paura affettiva"?

Si è scritto talmente tanto su questo argomento che, a leggere tutto si rischia, alla fine, di saperne meno di prima.

Forse c'è un po' di tutto e nessuna delle quattro ipotesi proposte può, da sola, essere la soluzione.

La gelosia, prima di tutto, è un tormento: un tormento interiore che tritura i tuoi sentimenti, mette in discussione quelli di chi ti sta accanto, martella la tua mente con ragionamenti logicissimi, ma senza senso; diventa un film con la pellicola che si incanta continuamente su immagini che straziano l'animo e minano alla radice quel nobile sentimento delicatissimo che è l'amore: continui a vedere l'oggetto del tuo amore che, distrattamente o, piuttosto, appassionatamente si dedica ad altri, concede ad altri le sue attenzioni e allora la mente comincia a galoppare ... e vede il seguito!

Certo, vede un seguito solo probabile, sicuramente ipotetico ma di momento in momento sempre più fattibile.

Quella fantasia diventa realtà e di quella realtà non si riescono più a stabilire i confini.

Senti un gelo dentro che blocca lo stomaco, fa impazzire il cuore, fiacca lentamente ogni resistenza, ti toglie completamente le forze, ti priva del sonno.

Si chiudono gli occhi e si vorrebbe dormire: ma gli occhi vedono anche se serrati e ciò che vedono alimenta quel mostro che hai dentro e che si chiama Gelosia.

La mente continua ad elaborare situazioni e immagini dolorose e non obbedisce alla volontà, la quale vorrebbe bloccare quello strazio, che è il frutto della gelosia.

La gelosia è solitudine: sei terribilmente solo perché nessuno può capire quel tormento che ti porti dentro.

Gli altri vedono la realtà, con i suoi contorni precisi e netti: la gelosia non ti permette di vedere la realtà ma ti fa solo percepire ciò che di quella situazione reale viene filtrato, finendo con l'inviare alla mente ed al cuore degli input terribilmente distorti eppure terribilmente espliciti.

Dopo nasce la rabbia: una rabbia sorda e incontrollabile che né la mente né il cuore riescono minimamente a sedare.

La prima rabbia è rivolta contro se stessi:
possibile che non abbia capito?
possibile che non abbia visto,
possibile che non mi sia reso conto?

Ma allora, in quella tal altra occasione, cosa è successo veramente?

Come posso essere stato così ingenuo!

Il ruscello diventa un fiume in piena e travolge tutto ciò che la mente riporta alla memoria.

Infine la rabbia si rivolge contro chi, fino a quel momento, era l'oggetto prezioso del proprio amore:

ma perché lo ha fatto?

Questa è la prima, eterna, angosciante domanda che non troverà mai una risposta convincente!

Tutto finisce con l'essere contaminato: la mente non riesce più ad essere d'aiuto, perché troppo impegnata a risolvere teoremi che non hanno soluzione; l'emotività è già sovra stimolata di suo, per poter temperare, con il ricordo dei momenti di tenerezza vissuti, che cerca di riportare in superficie, la marea montante di dubbi, i quali innestano nuove immagini che straziano l'animo.

La Gelosia porta, inevitabilmente, la morte nel cuore.

Ma come nasce?

Probabilmente non all'improvviso, da un momento all'altro: però, sicuramente c'è un "primus momens", o una causa occasionale dalla quale ha origine una costruzione spesso fantastica, talora reale per quanto riguarda qualche episodio specifico, ma spesso del tutto esagerata, se si riferisce all'insieme della situazione.

La Gelosia si può considerare un ragionamento logico ma sbagliato.

Nella Relazione extraconiugale, purtroppo, può assumere dei contorni ancora più ossessivi, e quindi drammatici, perché può capitare, sia pure solo in casi rari, di trasferire sulla persona, oggetto della nuova passione, il risentimento accumulato con la consorte o la compagna precedente.

Talune situazioni possono, obiettivamente, essere o apparire simili: i protagonisti, però, sono differenti per cui la valenza emotiva che si concentra su tali situazioni è del tutto esagerata.

Io raccomando sempre di ricordare che ogni storia è una storia a sé!

Ci possono essere coincidente o similitudini: ma non sono di nessuna importanza perché le persone sono diverse, i tempi sono diversi e la maturità delle persone è diversa.

Fare confronti tra una storia ed un'altra è sempre sbagliato.

Far nascere questo sentimento "sbagliato", perché si confronta un vecchio personaggio con il nuovo personaggio, protagonista della nuova storia, non porta mai lontano e, soprattutto, non porta mai niente di buono!

Caso clinico n. 9

In verità, più che un caso clinico, si è trattato di una consultazione, suddivisa su tre appuntamenti.

La prima difficoltà è consistita nel fatto che, chi ha chiesto un incontro per parlarmi della sua situazione, era un mio amico.

Sarebbe opportuno non prendere in terapia né parenti né amici: in un modo o nell'altro, li conosciamo e conosciamo anche i loro punti di forza ed i loro punti di debolezza.

Spesso conosciamo anche la loro storia però... dal nostro punto di vista, per cui già ci si è fatta un'opinione personale.

Della relazione extraconiugale del mio amico, infatti, ero già a conoscenza da tempo, così come delle gravi difficoltà relazionali con la moglie.

Nel primo incontro mi ricorda che la nuova storia, molto importante sia per lui che per la nuova partner, è oramai in piedi da oltre dieci anni, senza che ci siano mai stati screzi o incomprensioni.

Cerco di indagare quale sia il vero motivo di quell'incontro, dal momento che tutto sembra andare bene; mi risponde con una frase sibillina:

-"Sai che non sono mai stato geloso in vita mia!"

-"E adesso lo sei diventato?" – gli chiedo.

Lo nega ma dice che mi spiegherà tutto nel prossimo incontro.

Riprendiamo il discorso una settimana dopo.

-"Hai visto la tua compagna insieme con un'altra persona e la cosa ti ha disturbato?" – gli chiedo.

Nega anche questo e comincia invece a raccontarmi.

Come già sapevo, si vedono abbastanza di rado: una volta per settimana abbastanza fisso e, solo eccezionalmente, qualche volta la sera a cena.

La compagna ha parecchi impegni e frequenta un bel po' di persone: questo da sempre, senza che ciò abbia mai creato problemi o incomprensioni di alcun genere.

Il mio amico, anzi, le ha fatto presente, fin dall'inizio della loro storia, di non soffrire di questo disagio che è la gelosia.

Sembra però che questa rivelazione, invece di essere stata gradita ha, come molto spesso succede, indispettito la donna.

Qualche tempo fa, mentre erano insieme in auto, gli ha raccontato di aver ricevuto tre apprezzamenti galanti nel giro di due giorni, nel corso di differenti occasioni mondane.

In un primo momento dice di non aver dato gran peso al racconto, anche se qualcosa, parole sue, lo ha ferito.

Ha così avuto inizio il primo rimuginio: perché mi ha fatto questo tipo di discorso?

Rapidamente è iniziato il secondo: cosa voleva veramente dirmi?

Mi rivela che da quel momento la sua vita è diventata un inferno!

Tutta la storia, nella sua testa, si è rimescolata da cima in fondo: quello che fino ad un momento primo aveva un significato del tutto innocente, improvvisamente diventava oscuro e pieno di significati nascosti.

La compagna si rende conto del malumore del mio amico ma non lo mette in relazione con il suo discorso, fino a quando non le viene posta la domanda, in forma diretta:

-"Cosa mi volevi comunicare, in realtà, con quel racconto?"

Lei casca dalle nuvole e, per una frazione di secondo, si rallegra addirittura della scoperta:

-"Sei geloso?"

Ma lo sguardo cupo del compagno e la consapevolezza di essere ad un passo dal chiudere definitivamente la sua storia per una frivolezza, la spinge a parlargli con franchezza, rassicurandolo che non nutre nessun interesse per alcuno dei tre personaggi che le hanno fatto dei complimenti.

La rassicurazione sembra convincere il mio amico, per cui, apparentemente, "l'incidente" si chiude senza morti né feriti.

Ma è veramente così?

Assolutamente no!

Nel corso di una gita al mare, mentre sono sulla spiaggia a prendere il sole, lei gli chiede se può tirar via il reggiseno; la risposta è no… ma lei lo toglie lo stesso!

Ancora una volta l'umore del mio amico è virato verso la tempesta però, ancora una volta, al momento non ha detto nulla.

Riprende l'argomento al ritorno dalla vacanza e le chiede, senza mezzi termini:

-"Se io ti dico di non fare una cosa, perché a me dà molto fastidio, tu la fai ugualmente?"

Ancora una volta la compagna resta perplessa, perché inizialmente non capisce a cosa si riferisca in particolare; ma poi, un po' imbeccata, ricorda tutto perfettamente.

Sembrerebbe anche indispettita, fin quando il mio amico non le dice, papale papale:

-"Se fosse accaduto con un'altra donna, la storia già si sarebbe chiusa e non so nemmeno se mi sarei preso la briga di fare domande o di chiedere spiegazioni!"

Questa volta è la compagna che si risente e prende questa affermazione come un "preavviso di licenziamento in tronco"!

Anzi, è proprio convinta che stia per essere lasciata!

Nel successivo incontro tra di loro, si danno delle reciproche spiegazioni e delle rassicurazioni: non c'è alcuna intenzione di troncare la relazione, né da parte del mio amico né da parte della donna; però alcune cose devono essere messe ben in chiaro!

Due in particolare:

la prima, la consapevolezza che la libertà di un partner finisce laddove inizia il rispetto verso l'altro partner!

Se un partner si sente offeso da un modo di fare, che magari l'altro ritiene, dal suo punto di vista, del tutto normale, quel modo di fare va comunque cambiato.

La seconda: qualche volta, lontano dal partner, di fronte a qualche galanteria o a qualche civetteria, si potrebbe avere la tentazione di vedere... come va a finire, tanto è solo "per gioco".

Ebbene, le tentazioni non vanno mai sfidate, prima di tutto, perché a volte, sia pure inconsapevolmente, il gioco smette di essere tale e si trasforma in qualcosa d'altro; e poi, perché prima o dopo una sfida si perde sempre ed in quel caso, qualcosa di veramente importante rischia di rompersi o si rompe per sempre!

Una terza conclusione, che è più un consiglio, la aggiungerei io: se avete un partner che dice di non essere geloso, non bisogna né provocarlo né sfidarlo! Siate ben contenti e contente che resti così!

La Gelosia esiste in tutti, ma in nessuno allo stesso livello di tutti gli altri: una volta che il mostro è stato svegliato e tirato fuori dagli abissi, le tempeste sono assicurate e qualche vittima finisce sempre con l'esserci!

QUANDO FINISCE UN AMORE...
MA QUANDO FINISCE L'AMORE?

Quando un amore finisce i due elementi della coppia possono reagire all'evento con modalità molto differenti e variegate.

Buona parte di queste modalità dipende da tutto quello che ha preceduto l'epilogo della storia.

È possibile che entrambi si fossero resi conto da tempo del lento "sfilacciamento" sia dei rapporti sessuali sia di quelli relazionali: lo svelamento anche da parte di uno solo dei due che l'amore è finito, per cui ognuno è libero di andare per la sua strada, non coglie di sorpresa nessuno.

Questa rivelazione è una semplice "presa d'atto"!

C'è dispiacere, forse, ma non rimpianti: ognuno si riprende la sua libertà!

Differente è il caso in cui entrambi si rendono conto che la storia non sta più in piedi, ma uno dei due spera ancora in un miracolo: evidentemente uno dei partner ha dei grossi rimpianti e non si sente pronto al distacco, che sarebbe vissuto come un lutto.

C'è dolore e la decisione è nelle mani di chi sente insopportabile la continuazione di una relazione oramai ampiamente esaurita: abitualmente uno decide e l'altro subisce!

Comunque si pervenga alla "decisione finale", è importante che il livello di tolleranza sia sempre piuttosto alto: nella stragrande maggioranza dei casi, purtroppo, i rapporti si deteriorano e l'amore diventa astio; in altri casi diventa odio e i figli, se presenti, diventano un'arma da usare contro l'uno o l'altro.

In rari casi, il livello di tolleranza è zero e allora si verificano delle tragedie che diventano cronaca nera: nessun ragionamento può giustificare gesti simili!

L'amore è vita, progettualità, futuro: sopprimere la persona che si ritiene erroneamente di amare è solo un amore smodato per se stesso e per il proprio egoismo: l'amore per l'altro non c'entra niente!

Altro caso è quello del cosiddetto "amante imbambolato": non c'è attimo della giornata in cui non gli passino sotto gli occhi segnali evidenti che il suo partner è stufo, non lo sopporta, è distratto e, soprattutto, pensa ad altro.

Quando gli viene rivelato che la relazione è finita, cade dalle nuvole, perché veramente non si è mai reso conto di essere diventato un peso per l'altro.

Questa persona subirà il distacco con frustrazione e dolore e da quel momento la malinconia sarà una sua compagnia costante: avrà sempre il dubbio che una nuova eventuale storia possa essere un altro sbaglio perché non ha punti di riferimento per capire.

Sarà eternamente incerto/incerta e insicuro, col timore di perdere la nuova compagna/compagno ancora una volta per motivi per lui/lei incomprensibili.

Solo l'impatto con una persona con esperienza, tolleranza e pazienza, tanta pazienza, potrà salvare questo soggetto da dubbi e ripensamenti che, altrimenti, metterebbero a rischio una nuova relazione.

Da quanto detto fin qui appare evidente che almeno per uno dei due componenti la coppia sia abbastanza chiaro che un amore, quell'amore, è finito.

Ma quando un amore è "evidentemente" finito?

Quali sono i segni manifesti?

Il primo segno evidente è "l'intolleranza"!

Dell'altra/altro non si tollera più niente!

L'opinione divergente diventa "saccenteria", la distrazione è disattenzione, gli interessi sono "cavolate invece di…", le battute innocue sono gravi cadute di stile, per non parlare di tutto ciò che, qualunque cosa fosse in origine, diventa una pesante allusione!

Il vero problema è che tutto questo è reale nella testa di chi è esausto, ma non esiste nemmeno in nessun pensiero del compagno/compagna: parlano due lingue diverse e assolutamente incomprensibili, perché manca il vocabolario: cioè l'affetto!

E a letto?

Disastro totale!

L'attrazione esiste ancora, ma è unilaterale: quando il corpo nudo dell'altro/altra diventa qualcosa di assolutamente disgustoso, anche solo da guardare, come si può pensare che possa essere possibile un sia pur minimo contatto fisico?

Lo sfiorare anche solo casualmente un piede, può diventare motivo di litigi con pesanti recriminazioni e accuse, del tipo:

-"Non hai mai capito niente! Pensi sempre e solo a quello!" – che lasciano l'altro/altra del tutto allibito!

Ma la prova del nove che quella storia non ha più nessuna speranza è il massimo dell'intolleranza: quella visiva!

Non si sopporta neanche l'idea di trovarselo/trovarsela davanti, si prova disgusto nel vederlo/vederla mangiare: in pratica l'altro/altra non fa né dice assolutamente niente, semplicemente esiste!

L'intolleranza "visiva" ci dice che ogni tentativo di riconciliazione è destinato al fallimento, nessuna terapia di coppia potrà ricucire un tessuto che si è strappato definitivamente.

Si può solo accompagnare ciascuno degli oramai ex partner della coppia verso un percorso di autostima e di ricostruzione di rapporti relazionali basati su una conoscenza più profonda prima di tutto di se stessi e poi del nuovo che si sta eventualmente affacciando all'orizzonte.

Caso clinico numero 10

Daria C. è una donna di quasi quaranta anni, libero professionista con qualche difficoltà sul lavoro, sposata da dodici anni e madre di due figli.

Non è mai entrata in terapia, perché è più un rapporto di amicizia quello che ci lega: diciamo che c'è stato in passato un amichevole trattamento di supporto in occasione di varie difficoltà che le si sono presentate davanti, nel corso degli anni.

Però negli ultimi mesi, quelle che prima erano state delle semplici chiacchierate, sia pur mirate a raggiungere l'obiettivo di tranquillizzarla e di rafforzarla nei suoi propositi, si sono trasformate in vere sedute di psicoterapia.

Cosa è cambiato?

Daria da sempre ha sostenuto di essere "poco interessata al sesso", espressione che spesso ha lasciato cadere qua e là mentre si parlava d'altro e che mai era stata approfondita, non essendocene stata esplicita richiesta.

Daria è una bella donna, dall'aspetto gradevole, dai modi molto semplici, mai ricercati, e con un carattere aperto e solare.

Qualche mese fa mi ha rivelato di aver incontrato l'uomo che lei ha sempre sognato come quello per lei ideale per condividere il percorso della sua vita.

A parte qualche innocente affettuosità, nessuno dei due si è mai spinto di tanto più in là e il convincimento che si è fatto il sottoscritto, del tutto personale, è che lei sarebbe stata anche disposta ad andarci a letto, come dire, con allegria, ma l'altro no.

Mi racconta che quest'uomo è libero da impegni, nel senso che non è né sposato né convivente, però ha avuto una storia durata una decina di anni con una donna, con la quale si sarebbe lasciato: il condizionale è d'obbligo, come vedremo in seguito.

Si sono incontrati di frequente, in luoghi pubblici, e si sono reciprocamente raccontati i sentimenti che stavano nascendo dentro di loro.

Tutto bene, quindi?

Pare proprio di no, perché ognuno dei due ha preventivamente posto dei paletti, che, come sappiamo, impediscono a priori a una "relazione" di trasformarsi in "storia".

Lei ha posto il seguente paletto invalicabile: stiamo insieme e troviamo un modo per condividere i nostri momenti, però io, la mia famiglia, non la lascio né ora né mai; noi due siamo una cosa del tutto avulsa da quello che sono io nell'ambito della mia famiglia.

Lui ha posto il seguente paletto, altrettanto invalicabile: noi due stiamo insieme e troviamo il modo per condividere i nostri momenti solo se tu lasci la tua famiglia: marito e figli! Noi due "insieme" abbiamo un significato solo se ci liberiamo da tutti i legami che impedirebbero a questo amore nascente di decollare.

155

Al rifiuto di Daria è sparito ed è andato a chiedere consiglio, e consolazione, alla sua ex: quel condizionale aveva un suo perché!

Daria si sente profondamente infelice, perché ha l'impressione che si sia lasciata sfuggire "l'amore della sua vita", ma nello stesso tempo non è pentita della sua scelta: per nessun motivo al mondo lascerebbe i suoi due diavoletti!

Le spiego che "l'amore con riserva" non ha mai avuto una lunga vita: il vero amore non accetta condizionamenti perché è molto egoista, però nel senso buono del termine: cioè passa sopra a tutti gli ostacoli e pur di non soffrire o, peggio, svanire, convive più o meno tranquillamente con altre situazioni, che non si possono mettere di colpo da parte, semplicemente perché fanno parte integrante della vita dell'uno e dell'altro!

Sacrifici sì ma mutilazioni no!

Daria si rende conto che questo "grande amore" poi tanto grande non doveva essere se si è sgonfiato di fronte al primo ostacolo: ciononostante il suo pensiero, la sua fantasia, la sua progettualità sono andati di tanto più avanti rispetto alla cruda realtà.

Sognarsi tra le braccia di un uomo che rispondeva in tutto e per tutto ai suoi desiderata, sentirsi apprezzata in una fase della vita della donna in cui la gioventù sembra oramai svanire senza ben sapere che nome dare alla fase successiva, avevano fatto rinascere in lei la voglia di vivere, di amare, di progettare.

Quell'aut aut: o con me o con la tua famiglia ha troncato sul nascere lo svilupparsi di una bella storia

156

ma non ha impedito alla sua fantasia di immaginare quello che sarebbe potuto accadere se fossero andati avanti.

La delusione è stata cocente!

E ha fatto anche una vittima: il marito!

Daria mi ha sempre parlato di questo marito come di una brava persona di cui non è mai stata veramente innamorata: lo ha sposato senza convinzione e senza una briciola di entusiasmo!

Alla domanda, ovvia: ma perché lo hai sposato, la risposta è stata disarmante: in mezzo a tanti imbecilli o peggio, ho scelto lui perché, almeno, era una brava persona, anche se sapevo di non amarlo!

Ora che però la sua fantasia, sia ben chiaro solo la sua fantasia, ha conosciuto o meglio ha creduto di immaginare cosa vuol dire condividere il proprio vissuto con un uomo che ami e che ti ama, anche la realtà è diventata insopportabile!

Quasi le viene un conato di vomito quando sente che il marito apre la porta; deve concentrarsi sul suo piatto quando stanno tutti in tavola per non guardarlo mangiare: le dà fastidio!

Guai se per caso esce dalla doccia senza avere indosso l'accappatoio: quasi le viene un attacco d'ansia!

Il disagio è arrivato al punto di non ritorno!

Le ho consigliato di parlare con il marito e di metterlo a parte del suo disagio: anche lui ha il diritto di sapere che la moglie non lo ama più!

Mi ha promesso che ci penserà…

IL TRADIMENTO, QUINDI, NON ESISTE?

Questa brutta parola esiste, per cui deve esistere anche tutto ciò che ad essa fa riferimento.

Ma cosa vuol dire, esattamente, "tradire"?

Probabilmente vuol dire: "violare la fiducia di qualcuno", "venir meno ad un patto", "ingannare sapendo che si sta ingannando", ma soprattutto, in una relazione, dire al proprio partner "ti amo" quando si sa senza ombra di dubbio di amare un altro/a.

Non amare più il proprio partner non è un tradimento ma una presa di coscienza: sono venute meno le ragioni che hanno dato vita ad un sentimento importante come l'amore.

Può capitare che entrambi i protagonisti di una relazione cadano nella "noia di coppia", cioè in quello stato d'animo privo di entusiasmo, di creatività, di fantasia, di complicità, di trasgressività: la quotidianità spesso viene indicata come colpevole del delitto ma il più delle volte non è affatto così.

Nel mondo attuale il periodo cosiddetto di "fidanzamento" quasi non esiste più ed è stato sostituito dalla "convivenza": probabilmente, alla lunga si è capito che è stato uno sbaglio, perché ha impedito il graduale passaggio dalla "festa" dell'innamoramento, quello stato di "continua vacanza insieme" in cui ci si riesce a vedere soltanto nei week end o al venerdì sera oppure al sabato, ad un passaggio troppo veloce di "vita sempre insieme", cioè quotidianità ante tempus, con responsabilità di vita di coppia, alla quale ancora non si è pienamente preparati.

Da qui i ripensamenti e le facili rotture di coppia, con il rapido instaurarsi di un nuovo rapporto, di una nuova convivenza e di una nuova rottura.

Presto nasce la diffidenza: il ragazzo, diventato uomo, si stufa e preferisce l'avventura o addirittura la serata con gli amici; la ragazza, diventata donna, rischia di incontrare soltanto il sesso e si disinteressa dell'amore.

Fortuna che i sentimenti non sempre rispettano la volontà ed i proponimenti di uomini e donne d'oggi e si vanno ad intrufolare dovunque, creando nuove relazioni.

Problema risolto, quindi?

Non sempre, purtroppo.

L'instabilità sembra divenuto oggi il protagonista di ogni forma di situazione: dal lavoro all'amicizia, dalla salute alla sicurezza, dai rapporti in famiglia ai rapporti nella scuola fino alla instabilità nei rapporti di coppia.

Una incomprensione non esplicitata per tempo, un lato del carattere venuto fuori e non gradito, una lite mai finita spingono spesso ad alzare gli occhi oltre il partner ed a cercare altrove la soluzione ad un problema, che però invece di risolversi si aggiunge al precedente.

A volte non è nemmeno tutto questo.

Si sa che nella donna ci sono due tremendi punti deboli:

la Curiosità e le Tentazioni!

La Donna non sempre riesce a resistere né all'una né all'altra: un corteggiatore di bell'aspetto, una frase detta con mille sottintesi spesso sono all'origine di deviazioni che minano la saldezza della coppia e portano a relazioni più o meno fugaci, delle quali il partner non verrà mai a conoscenza.

Questo si può definire un tradimento: non c'è onestà nei confronti del partner, del quale si carpisce la fiducia; non c'è lealtà, quando si torna dal partner e lo si abbraccia, mentre il pensiero corre al corpo stretto tra le braccia fino a pochi momenti prima; non c'è amore né col partner né con l'amante casuale o del momento perché i sentimenti si sono inariditi.

Quindi è sempre l'uomo la vittima?

Assolutamente no!

Però l'Uomo è abituato da millenni ad avere relazioni fugaci che non minano i sentimenti nutriti nei confronti della donna amata: si tratta una soddisfazione dei sensi, senza nessun altro coinvolgimento duraturo, nel qual caso ritorneremmo alla genesi della relazione extra coniugale.

I "Tradimenti" sono situazioni difficili da gestire per uno psicoterapeuta, perché lui stesso rischia di diventare, suo malgrado, complice di un membro della coppia e ingannevole nei confronti dell'altro: meglio alzare bandiera bianca e dichiararsi non in grado o non disponibile a gestire quella particolare relazione.

Caso clinico numero 11

Fin dal primo colloquio è risultato evidente che i due protagonisti del caso, Federico e Michela, si volevano bene, anche se amarsi vuol dire altro.

Ufficialmente si sono presentati nel mio studio non perché il loro rapporto fosse in crisi, quanto perché da circa sei mesi, o forse più, avevano fatto capolino delle "incomprensioni": Federico era visibilmente irritato da alcuni atteggiamenti di Michela, la quale sosteneva invece di essere sempre stata "così", cioè solare e molto estroversa, a differenza del suo compagno che era abbastanza introverso e non gli veniva proprio da sorridere per ogni stupidaggine.

Alla domanda se la gelosia c'entrasse qualcosa, Federico aveva risposto di no, perché la gelosia, a suo dire, nasce da fantasie che vengono travisate come realtà; lui invece, mesi prima, aveva effettivamente sorpreso Michela a telefono con un uomo, proprio nel giorno di San Valentino, festa da lui odiata da sempre, il quale le aveva ricordato il significato di quel giorno e, forse, il motivo della telefonata.

Era seguita una discussione abbastanza vibrata con rimbrotti, voci alterate e richieste di spiegazioni convincenti.

Michela gli aveva rivelato che quella persona effettivamente aveva un debole per lei, che invece non nutriva nessun interesse nei suoi confronti, a parte un rapporto di amicizia iniziato tanti anni prima, senza alcuna implicazione sentimentale.

Federico lamenta anche il susseguirsi di scambi di messaggi con un coetaneo di Michela, i quali alla fine lo hanno infastidito ed irritato.

Ancora una volta Michela ha protestato la sua assoluta innocenza, affermando che quella persona, tra l'altro, è molto innamorato della moglie.

Questi i due eventi incriminati, che hanno messo in discussione il rapporto di coppia, che infatti Federico ritiene che si stia logorando a causa dei comportamenti troppo superficiali della sua compagna.

La situazione sta vivendo uno stadio di stallo, perché nessuno dei due vuole veramente chiudere una storia che va avanti da quasi dieci anni e nella quale si sentono ancora coinvolti.

Federico vorrebbe che la sua compagna cambiasse il suo atteggiamento e tenesse a debita distanza eventuali corteggiatori in maniera netta, senza far loro intendere che, prima o dopo, potrebbe anche cambiare idea.

Michela sostiene che il suo carattere è sempre stato super gioviale con tutti, estroversa e piena di attenzioni per chiunque le avesse mai chiesto il sostegno di una parola di conforto.

Il sospetto del sottoscritto è che ci sia più di qualcosa di non detto, per cui comunico loro che li vedrò singolarmente, per poter capire meglio i loro caratteri: questa la scusa ufficiale; in realtà voglio cercare di capire se "dietro" c'è dell'altro.

E dell'altro c'era!

Incontro prima Federico, il quale mi conferma che considera Michela la donna "della sua vita" e per questo soffre per i dubbi che continuano ad assalirlo.

Gli chiedo se gli sono giunte voci di effettivi "tradimenti" da parte della sua compagna, ma lui dice di no, anche perché non frequenta tantissime persone.

Però, secondo lui, qualcosa è cambiato nella loro relazione, benché sia convinto che anche Michela continui ad essere innamorata di lui.

Alla domanda se i rapporti intimi sono soddisfacenti ed appaganti come in passato, la risposta tarda più di un attimo ad arrivare.

Alla domanda più specifica se qualcosa non vada bene, confessa che la sua potenza non è più come quella di una volta e che in qualche occasione non è riuscito a raggiungere l'orgasmo.

Federico ha sessantacinque anni mentre Federica ne ha cinquantasette: gli spiego che tutti gli uomini, dopo la sessantina, devono fare i conti con la prostata che può effettivamente creare qualche problema, o di erezione o di orgasmo: la cosa importante però è che persista il desiderio.

Federico su quel punto afferma con convinzione che il desiderio di aver rapporti sessuali con la compagna non è mai venuto meno.

Nell'incontro successivo, con Michela, mi pare di notare un leggero imbarazzo, però mando indietro il mio pensiero per non farmi condizionare.

Anche Michela dichiara di essere "ancora" innamorata di Federico e di voler salvare la loro storia, che definisce "meravigliosa".

Alla domanda se è cambiato qualcosa negli ultimi mesi, dichiara subito di no e aggiunge che non esiste "niente assolutamente" né con il tipo di San Valentino

163

né con quello dei messaggi.

Chiedo anche a lei dei rapporti intimi e, ancora una volta, la risposta tarda ad arrivare.

Le rivelo che Federico mi ha parlato delle sue difficoltà e lei sembra sollevata di non dover fare "la spia" su una faccenda così intima e riservata.

Alla successiva domanda se questa difficoltà di Federico ha creato qualche "screzio" tra loro, ancora una volta la risposta arriva impacciata e ondivaga:

-"Screzio no… perché poi mica è colpa sua!"

Le chiedo se invece dello "screzio" è successo, per caso, dell'altro; a questo punto Michela mi guarda fisso negli occhi e dice testualmente:

-"Ho fatto una cazzata!"

-"Cioè?" – insisto.

-"Sono stata a letto con un uomo per una notte intera!" – confessa.

Le chiedo se è innamorata di quest'uomo e se ha iniziato una vera relazione con lui: nega entrambe le circostanze.

Le chiedo semplicemente: "Perché?"

Sostiene di non saperlo: è nata all'improvviso tra i due una forte attrazione sessuale ed entrambi si sono abbandonati alla passione senza alcun freno.

Non si sono più visti da quella circostanza ma lei, ogni qual volta abbraccia Federico, si vede nuda tra le braccia dell'amante e non riesce a cancellare dalla mente quelle forti immagini di passione.

-"Secondo lei" – mi chiede – "Quando abbraccio Federico ed alle sue spalle vedo l'altro, io sto tradendo il mio compagno?"

-"Sì, signora!" – le spiego – "Lei in realtà non sta abbracciando Federico ma il signore col quale ha passato una intera notte a letto!"

-"Se gli confesso questa cosa, sono sicuro che lui mi lascia per sempre!" – dice tra le lacrime.

-"Credo che effettivamente il rischio ci sia: però non può vivere nell'inganno e non credo sia giusto continuare ad ingannare il suo compagno: però questa è soltanto una mia considerazione!" – preciso.

-"Lo dirà a Federico?" – chiede spaventata.

La rassicuro che non ne farò parola con il suo compagno, per motivi di riservatezza.

Mi chiede cosa deve fare.

-"Quello che ritiene più giusto, signora! Nel prossimo incontro mi spiegherete le vostre intenzioni, in conseguenza delle quali vi comunicherò se sarò o meno ancora in grado di seguire il vostro caso".

Sembra spaventata all'idea di non poter proseguire i colloqui ed io l'avverto che un eventuale riavvicinamento tra i componenti di una coppia comporta che venga chiarito proprio il punto che ha creato la rottura; ignorarlo significherebbe soltanto procrastinare la crisi sine die fino a giungere ad un logoramento inevitabile e doloroso della relazione.

All'appuntamento successivo la coppia non si è presentata.

CONCLUSIONI

Pur con gli inevitabili distinguo situazionali, non c'è una significativa differenza tra il percorso sentimentale/relazionale di una coppia extra coniugale rispetto a quello di una coppia coniugale o convivente; la differenza sostanziale sta tutta in un semplice fatto temporale: una vicenda avviene dopo che è accaduta qualche altra cosa.

Si potrebbe obiettare che in questa disamina sulla Relazione Extra Coniugale manca una parte molto importante: la ricaduta e cioè le "conseguenze" degli sviluppi della relazione sugli altri, che effettivamente potrebbero essere tante ed il più delle volte sono effettivamente tante!

Gli "Altri" sono inevitabilmente i mariti, le mogli, i figli, gli amici, i parenti stretti e meno stretti, i colleghi di lavoro, semplici conoscenti, compaesani e chi più ne ha più ne metta!

Non si è trattato né di una dimenticanza né di una omissione: semplicemente questo argomento, di certo molto importante, non è oggetto della nostra indagine.

Quando un paziente si presenta nel nostro studio, ci possiamo occupare soltanto del suo problema, circoscrivendolo e non ampliandolo.

Commetteremmo un grave errore se volessimo valutare, o immaginare di dover valutare, gli *stati d'animo, gli umori, le reazioni* (comportamenti), *i pensieri e le emozioni* di tutti i personaggi coinvolti nella storia, perché non possono essere tutti presenti in studio, in primo luogo, e non hanno chiesto il nostro aiuto, in secondo luogo.

Oggetto della nostra indagine sono: lo stato d'animo, i pensieri, le emozioni, il disagio che vive il paziente il quale, invece, ha chiesto di essere supportato nelle sue valutazioni, non sempre chiare.

Tutti i nostri sforzi devono essere tesi a far chiarezza nella sua mente e nelle sue emozioni: sua e solo sua deve essere la decisione conseguente ai colloqui sostenuti con noi;

lo psicoterapeuta deve esprimersi secondo scienza e coscienza, senza farsi sviare da sue personali interpretazioni, conseguenti a suoi stati d'animo o a sue personali situazioni oppure a suoi personali convincimenti.

Un po' come l'avvocato, si potrebbe obiettare, che difende un cliente e non una causa specifica:

assolutamente no!

Non c'è nessun punto di confronto tra le due situazioni.

L'avvocato difende il suo cliente anche se, al limite, sa di dover sostenere argomenti in contrasto con la verità, perché il suo fine è di *prevalere a prescindere dalla verità*, affinché il suo cliente non abbia a soffrire danni o ne subisca il meno possibile da una eventuale sconfitta, o condanna in tribunale: tutto quello che fa è lecito, anche se a volte viaggia sul filo della morale comune e dell'etica professionale.

Il fine dello psicoterapeuta è esattamente l'opposto:

il cammino che percorre col suo paziente è sempre in salita e spesso ricco di sofferenza e di lacrime, per chi gli sta di fronte.

Il suo fine è rendere consapevole il paziente dei suoi pensieri, delle sue emozioni e dei suoi comportamenti; chi abbia ragione o torto, nello svolgimento del suo lavoro, è non solo marginale ma del tutto irrilevante: non si è alla ricerca né di colpe né di colpevoli!

Il paziente *deve capire cosa sta succedendo intorno a lui e cosa sta succedendo a lui*:

da questa, che è la *Ristrutturazione cognitiva,* dipenderanno i suoi futuri comportamenti, i prossimi pensieri e le sue conseguenti emozioni; che abbia ragione o torto non importa proprio a nessuno!

Molto, come si può dedurre, è racchiuso in quel misterioso involucro che è l'animo umano, in cui sentimenti e ragione si fondono fino a generare la decisione di incamminarsi o meno su una strada ricca di rischi, di problemi, di sofferenza e, soprattutto, di emozioni.

Oramai è evidente, però, che non sarà mai la noia il motore del mondo bensì la curiosità:

la curiosità intesa come voglia di provare, di capire, di amare, di sperimentare.

Nessuno può e deve permettersi di affermare che, malgrado le incomprensioni e le evidenti difficoltà a portare avanti un rapporto del tutto logoro, si deve comunque restare nella coppia e accontentarsi di essere infelici per tutta la vita: è ipocrita, se lo dice l'amico; è inumano se lo si dice in nome di una Fede molto mal interpretata da chi la gestisce, perché nessun credo religioso può avere come suo fine l'infelicità dell'essere umano; è da deficienti se lo dice uno psicoterapeuta che, a questo punto, farebbe molto meglio a cambiare mestiere, piuttosto che confondersi con Dio in terra mentre spara inutili e dannose sentenze non richieste!

Mettersi in gioco, rischiare in prima persona vuol dire accrescere le proprie conoscenze e arricchire le proprie emozioni: in nessun caso bisogna aver paura di provare dei sentimenti.

Negarli vuol dire sconvolgere la propria esistenza, crearsi dei sensi di colpa difficilmente individuabili e controllabili nel tempo, vivere una vita in compagnia della rabbia e, a volte, dell'invidia di qualcuno/qualcuna che quel coraggio, invece, ha avuto.

Ovviamente questo testo è solo una testimonianza di quello che è caduto sotto gli occhi di un addetto ai lavori, che ne ha tratto le logiche conclusioni.

Non ha nessuna intenzione di inviare messaggi di alcun genere: e quale messaggio potrebbe mai lanciare? Se qualcuno lo ha interpretato in tal senso, lo inviterei con molta umiltà a rileggerlo, mettendo però da parte pregiudizi nonché chiusure mentali, intellettuali ed emozionali, che vanno bene agli integralisti ma non alle persone che usano la propria mente per ragionare.

L'integralismo è il segno distintivo degli ignoranti, degli irrazionali e dei violenti.

In conclusione:

se non c'è Amore non ci può essere Coppia, e questo a prescindere da qualsivoglia etichetta, coniugale o extraconiugale o comunque particolare, che, da qualsivoglia parte, le si voglia appiccicare per forza addosso!

BIBLIOGRAFIA

Raffagnino Rosalba - La relazione coniugale. Vulnerabilità e risorse di un sistema complesso. Edizioni Le Lettere - 2008

Pittman Frank - Bugie private. L'infedeltà ed il tradimento dell'intimità Edizione Astrolabio - 1991

Pasini Willy – Gelosia Edizioni Mondadori - 2004

Pasini Willy – Amori infedeli. Psicologia del tradimento Edizioni Mondadori - 2007

Ferrini Marco – Tradimento Rancore Perdono Edizioni Centro Studi Bhaktvedanta - 2007

Russel Bertrand – Matrimonio e Morale Edizioni Tea - 2009

Arosio Laura - Sociologia del Matrimonio Edizione Carrocci - 2008

Olivier Albel – Brivio G. - Il Matrimonio avrà un futuro?
Edizione Ananke - 2007

Lombardi Daniela - Storia del Matrimonio. Dal Medioevo ad oggi Edizione Il Mulino - 2008

Armiento Mimmo - Io prendo te come mia...cosa. Equivoci e inganni nel matrimonio cristiano Edizione Porziuncola - 2007

Costa Emilia – Viola Dianella - Il Matrimonio. Una rivoluzione evolutiva per la struttura sociale umana.
Edizione Franco Angeli - 2008

Francesco Romeo – Il Sospiro del Ponte – Createspace Editore - 2012

INDICE

AUTORE

Francesco Romeo è un medico, che lavora a Rovetta, un ridente paesino della Valle Seriana, in provincia di Bergamo.

Nativo di Avellino, dopo la Laurea in Medicina e Chirurgia si è trasferito a Bergamo, dove ha lavorato come Anestesista e Rianimatore.

Poi ha preferito il lavoro sul territorio ed è diventato medico di famiglia.

Sessuologo Clinico, ha messo a frutto la sua lunga esperienza nell'affrontare i problemi di coppie in crisi, maturata in tempi lontani, in cui non esistevano figure specifiche per problematiche simili.

Il suo saggio, dal titolo "Relazione Extra Coniugale o Tradimento?", è il consuntivo di quanto, dall'attività pratica sul campo, è riuscito a formulare sotto forma di teorie esplicative, per rendere più chiare ai suoi pazienti le difficoltà, vere o presunte, in cui si dibattono.

DELLO STESSO AUTORE

Un Gelato a New York

Il Santo e la Bestia

Il Sospiro del Ponte

Lui... Lei... La Storia...

Week End a Vilnius

Trilogia de Le Storie

Sperduti nel Tempo

L'Angelo e il Raggio Verde

Caccia agli Invisibili

Il Podere sulla collina della Luna

Il Silenzio della Vita

Un Tipo da Evitare

Uno Sguardo Indiscreto

www.ingramcontent.com/pod-product-compliance
Lightning Source LLC
Chambersburg PA
CBHW071352280526
45787CB00001B/296